IRMÃOS E IRMÃS,
BOA NOITE!

CB125657

CÓPIA NÃO AUTORIZADA É CRIME
ABDR
ASSOCIAÇÃO BRASILEIRA DE DIREITOS REPROGRÁFICOS
RESPEITE O DIREITO AUTORAL

Dados Internacionais de Catalogação na Publicação (CIP)
(Câmara Brasileira do Livro, SP, Brasil)

Viganò, Dario Edoardo
Irmãos e irmãs, boa noite! : o papa Francisco e a nova comunicação da Igreja / Dario Edoardo Viganò ; tradução de Francisco Morás. – Petrópolis, RJ : Vozes, 2017.

Título original : Fratelli e sorelle, buonasera : papa Francesco e la comunicazione
Bibliografia
ISBN 978-85-326-5488-5

1. Comunicação – Aspectos religiosos – Igreja Católica 2. Francisco, papa, 1936- I. Título.

17-03944 CDD-261.52

Índices para catálogo sistemático:
1. Comunicação e cristianismo 261.52

DARIO EDOARDO VIGANÒ

IRMÃOS E IRMÃS, BOA NOITE!

O papa Francisco e a nova comunicação da Igreja

Tradução de Francisco Morás

EDITORA VOZES

Petrópolis

© 2016 by Carocci editore S.p.A., Roma

Título do original em italiano: *Fratelli e sorelle, buonasera – Papa Francesco e la comunicazione*

Direitos de publicação em língua portuguesa – Brasil:
2017, Editora Vozes Ltda.
Rua Frei Luís, 100
25689-900 Petrópolis, RJ
www.vozes.com.br
Brasil

Todos os direitos reservados. Nenhuma parte desta obra poderá ser reproduzida ou transmitida por qualquer forma e/ou quaisquer meios (eletrônico ou mecânico, incluindo fotocópia e gravação) ou arquivada em qualquer sistema ou banco de dados sem permissão escrita da editora.

CONSELHO EDITORIAL

Diretor
Gilberto Gonçalves Garcia

Editores
Aline dos Santos Carneiro
Edrian Josué Pasini
Marilac Loraine Oleniki
Welder Lancieri Marchini

Conselheiros
Francisco Morás
Leonardo A.R.T. dos Santos
Ludovico Garmus
Teobaldo Heidemann
Volney J. Berkenbrock

Secretário executivo
João Batista Kreuch

Editoração: Flávia Peixoto
Diagramação: Sheilandre Desenv. Gráfico
Revisão gráfica: Nilton Braz da Rocha / Nivaldo S. Menezes
Capa: Érico Lebedenco
Ilustração de capa: ©Foto L'Osservatore Romano

ISBN 978-85-326-5488-5 (Brasil)
ISBN 978-88-430-7922-3 (Itália)

Esta tradução foi parcialmente adaptada ao português brasileiro, mas procurou preservar, dentro do possível, as opções redacionais e estilísticas originais do tradutor português.

Editado conforme o novo acordo ortográfico.

Este livro foi composto e impresso pela Editora Vozes Ltda.

Sumário

Introdução
Comunicar a verdade

Papa Francisco virou do avesso o estilo de comunicação do papado. Ele quer instantaneidade, espontaneidade, sinceridade, convicção. Sua comunicação é global. Fala indistintamente a todos. Ele não tem preferências, pois todos precisam de sua palavra, que se transforma em mensagem. Na comunicação, papa Francisco dispensa intermediários. Ele mesmo faz-se comunicação com seus gestos, sua espontaneidade, sua instantaneidade. Sua mensagem é universal e dirigida principalmente às periferias existenciais do mundo. Suas viagens nacionais e internacionais – Lampedusa, Rio de Janeiro, Cagliari, Assis – testemunham essa força comunicativa com sabor mais do extraordinário do que do ordinário. "Por essa razão nos sentimos honrados", diziam Gino Falleri e Carlo Felice Corsetti, idealizadores do prêmio jornalístico internacional Argil, homem europeu, no dia 13 de dezembro de 2013, ao premiarem papa Francisco, em nome de todos os que acreditam na comunicação transformada em diálogo, colóquio, justiça, anúncio de fraternidade[1]. Nesta mesma data conferiram ao papa Francisco um reconhecimento todo especial, definindo-o como "uma personalidade de relevo mundial, um grande comunicador global".

1 Motivazione del premio giornalistico internazionale Argil: uomo europeu a papa Francesco come "comunicatore globale", Rapresentanza in Italia della Commissione europea, 13/12/2013.

Mas esta não é a única menção especial. Poucos dias antes, o semanário americano *Time* havia dedicado sua manchete principal ao novo pontífice da Igreja Católica, condecorando-o como o "homem do ano 2013": "Adotou o nome de um humilde santo, pois deixou um forte apelo por uma Igreja de reconciliação. Primeiro papa não europeu há 1.200 anos, que dá início a uma transformação do Vaticano"[2], afirma literalmente a manchete do citado jornal. E Nancy Gibbs, seu editor, assim sintetiza, em seu editorial, a atuação do Santo Padre: "Em menos de um ano papa Bergoglio fez algo estupendo: não mudou somente as palavras, mudou também a música"[3].

Ainda viriam momentos emocionantes das viagens apostólicas – na Terra Santa e na Turquia (maio e novembro de 2014), em Sarajevo, na América do Sul, em Cuba e nos Estados Unidos (junho, julho e setembro de 2015), bem como na África para abertura da Porta Santa (novembro de 2015) e no México (fevereiro de 2016), com uma parada em Cuba para o encontro histórico com o patriarca moscovita Kirill, e tantos outros episódios públicos – revelando um Jorge Mario Bergoglio protagonista de um intenso diálogo com o mundo. Passados apenas nove meses de sua eleição, esses reconhecimentos confirmam o entusiasmo que sua figura suscita no mundo midiático, entre fiéis e não fiéis.

Na realidade, Bergoglio foi percebido como um papa capaz de revolucionar profundamente o estilo comunicativo da Igreja

---

2 "He took the name of a humble Saint and then called for a church of healing. The first non-European Pope in 1,200 years is poised to transform a place that measures change by the century" (CHUA-EOAN, H. & DIAS, E. Pope Francis, The People's Pope. In: *Time*, 11/12/2013 [Trad. do autor]).

3 "And yet in less than a year he has done something remarkable: he has not changed the words, but he's changed the music" (GIBBS, N. Pope Francis, The Choice. In: *Time*, 11/12/2013 [Trad. do autor]).

desde sua primeira aparição em público, na noite de 13 de março de 2013. Antes mesmo de aparecer na sacada da Praça de São Pedro, foi suficiente o cardeal protodiácono Jean-Louis Tauran anunciar o nome do novo papa para que os comentaristas do mundo inteiro começassem a perguntar-se ao vivo nas redes televisivas sobre as motivações subjacentes a esta escolha, que pela primeira vez na história foi a do santo de Assis, protetor dos pobres e companheiro dos últimos: um nome que sugere imediatamente humildade, mas também, num certo sentido, revolucionária força de ânimo, vontade de mudar realmente as coisas.

Quase todos os jornalistas, subsequentemente, nos incontáveis artigos e serviços que por sucessivos dias encheram os jornais e os noticiários, elencaram outros fatores-guia da mudança: nas avaliações de cunho "político" foi sublinhado que se tratava do primeiro pontífice oriundo do continente sul-americano – não europeu, portanto – e que o nome desse bispo portenho, muito conhecido na Argentina, mas desconhecido alhures, quase não tinha sido levado em consideração, a não ser marginalmente, entre os potenciais candidatos aventados na abertura do conclave.

Muito se falou também sobre os aspectos mais simbólicos, como a adoção, por parte do novo pontífice, de paramentos litúrgicos essenciais e de roupas sóbrias, interpretados como uma tomada de distância dos hábitos da corte imperial. Com o passar dos meses e dos anos, porém, foi se tornando cada vez mais evidente que o papa Francisco é uma revolução comunicativa que desenha um percurso de renovado diálogo com o mundo (confira, p. ex., a constituição pastoral *Gaudium et Spes*), enfrentando de maneira direta as questões centrais da sociedade.

Nestes primeiros anos de pontificado tivemos a oportunidade de conhecer melhor Bergoglio e de ver em ação sua especial capacidade relacional, descobrindo que o dom de saber fazer-se próximo do outro, de reduzir as distâncias, é a razão pela qual cada uma de suas palavras e cada um de seus gestos se tornam compreensíveis e aceitos por todos, crentes e não crentes. Papa Francisco não prevê, na elaboração dos seus discursos, a função do adversário, como diria o semiólogo Algirdas Julien Greimas[4].

Seu estilo comunicativo, que em conformidade com o espírito do Evangelho se subtrai a fáceis catalogações, resta, no entanto, difícil de enquadrar no âmbito do panorama mundial contemporâneo. Um primeiro ponto de partida para compreendê-lo sem dúvida está presente em suas próprias palavras. Bergoglio é capaz de falar de comunicação de forma não óbvia:

> Então, como pode a comunicação estar a serviço de uma autêntica cultura do encontro? E – para nós, discípulos do Senhor – o que significa, segundo o Evangelho, encontrar uma pessoa? Como é possível, apesar de todas as nossas limitações e pecados, ser verdadeiramente próximos aos outros? Estas perguntas resumem-se naquela que um dia um escriba, isto é, um comunicador, fez a Jesus: "E quem é o meu próximo?" (Lc 10,29). Esta pergunta nos ajuda a compreender a comunicação em termos de proximidade. Poderíamos traduzi-la assim: Como se manifesta a "proximidade" no uso dos meios de comunicação e no novo ambiente criado pelas tecnologias digitais? Encontro resposta na Parábola do Bom Samaritano, que é também uma parábola do comunicador. Na realidade, quem comunica faz-se próximo. E o bom samaritano não só se faz próximo, mas cuida daquele homem que encontra quase morto à beira da estrada. Jesus inverte a perspectiva: não se trata de reconhecer o outro como

---

4 Cf. GREIMAS, A.J. *Du sens* – Essais sémiotiques. Paris: Seuil, Paris, 1970 [Trad. it. *Del senso*. Milão: Bompiani, 1974]. GREIMAS, A.J. *Du sens II* – Essais sémiotiques. Paris: Seuil, Paris 1983 [Trad. it.: *Del senso 2* – Narrativa, modalità, passioni. Milão: Bompiani, 1984].

> um meu semelhante, mas da minha capacidade de fazer-me semelhante ao outro. Por isso, comunicar significa tomar consciência de sermos humanos, filhos de Deus. Adoro definir este poder da comunicação como "proximidade"[5].

Comunicação não como manipulação, insiste o papa, mas como compreensão e abraço do outro, capaz de superar os obstáculos da diversidade e a aridez da exclusão. Mensagem que, embora percebida como revolucionária, nos chega diretamente do Evangelho e da pregação de Jesus. E não foi por acaso que a figura à qual Bergoglio faz referência para ilustrar a dimensão ideal do comunicador seja a do bom samaritano, protagonista de uma parábola evangélica, tornado proverbial para uma conotação principal: a generosidade. Como o veremos ainda, justamente a palavra que salva, a palavra dialógica, que "vê" o outro e vai ao seu encontro, a palavra que encarna o dom supremo da misericórdia, é a forma de comunicação que papa Francisco não se cansa de defender e de praticar. Uma palavra autenticamente "católica" que não deixa para trás nem fora interlocutor algum.

Com estes pressupostos de ação comunicativa, Francisco tornou-se rapidamente um dos papas mais amados, ouvidos, citados tanto pelos crentes quanto pelos não crentes. Entretanto, cometeríamos um erro se considerássemos os conteúdos que ele sabe veicular como o resultado de uma estratégia comunicativa "fácil", irrefletida ou banal. Ao contrário, a comunicação deste pontífice chega a todos exatamente porque, graças a uma grande consciência e sutileza na gestão dos códigos linguísticos e cul-

---

5 FRANCESCO. Messagio per la XLVIII Giornata mondiale delle comunicazioni sociali, *Comunicazione al servizio di un'autentica cultura dell'incontro*, 01/06/2014. Todos os textos do papa Francisco, inclusive os referidos neste volume, estão disponíveis no site https://w2.vatican.va

turais, consegue aproximar-se daquele impossível "grau zero" teorizado pelo semiólogo Roland Barthes, que alegava que o "grau zero" da escrita, se privado de seus defeitos, resulta numa mitologia da linguagem literária[6]. Impossível, segundo Barthes, imaginar uma escrita (compreendida como manifestação da linguagem na sociedade) não comprometida com o que ele denomina "poder", e que nós podemos compreender como a cultura dominante atormentada por seus percursos de exclusão. Impossível, mas mesmo assim a comunicação do papa Francisco se aproxima exatamente deste "grau zero": imposto por ninguém, compreensível a todos.

Nas páginas que seguem buscaremos compreender por quais construções simbólicas passa sua comunicação, analisando diversos aspectos da "representação pública" de seu pontificado, desde sua saudação inicial numa lotada Praça de São Pedro às viagens apostólicas, das homilias às encíclicas, para compreender, num quadro mais amplo e segundo uma perspectiva mais articulada, os caminhos através dos quais, em seus vários níveis de leitura, sua mensagem chega até nós.

---

6 BARTHES, R. *Le degré zéro de l'écriture, suivi de Nouveaux essais critiques*. Paris: Seuil, 1953 [Trad. it.: *Il grado zero della scritura, seguito da Nuovi saggi critici*. Turim: Einaudi, 1982].

1

Francisco: um homem sem cerimonial

> *Não havia a chave da bomba atômica [na minha maleta]! Bem! Eu a levei porque sempre fiz assim: quando viajo, a carrego. Que tinha dentro? Tinha um barbeador, tinha o breviário, tinha a agenda, tinha um livro para ler – levei um sobre Santa Teresinha, da qual sou devoto. Eu sempre levo minha mala quando viajo: é normal. Devemos ser normais... Não sei... para mim é um pouco estranho [...] que aquela fotografia tenha girado o mundo. Temos que nos habituar a ser normais. A normalidade da vida*[1].

Uma cerimônia *transformativa*

"Irmãos e irmãs, boa noite!" O mundo inteiro parou e se comoveu diante da primeira saudação do novo papa na sacada central da Basílica Vaticana, no dia 13 de março de 2013. Igualmente interlocutório foi o tom das palavras sucessivas: "Vós sabeis que o dever do conclave era dar um bispo a Roma. Parece que os meus irmãos cardeais tenham ido buscá-lo quase no fim do mundo... Eis-me aqui! Agradeço-vos o acolhimento". A cena

---

1 FRANCISCO. Conferenza stampa durante il volo di ritorno dal viaggio in Brasile, 28/07/2013.

já está impressa na memória coletiva, e estas primeiras frases do recém-eleito papa relembram imediatamente aquelas igualmente memoráveis pronunciadas na mesma circunstância, e sempre televisionadas ao vivo, trinta e cinco anos antes, de Karol Wojtyla[2], outro papa "vindo de longe" e dotado de grandes capacidades comunicativas[3].

Mencionar a transmissão televisiva ao vivo que acompanhou os dois eventos não é um detalhe. Seguramente no tempo da eleição de João Paulo II e, para uma larga parcela da população mundial, mesmo no momento da eleição de Francisco, a televisão foi o meio privilegiado de assistir "ao vivo" o que acontece na Praça de São Pedro. Por conseguinte, ela foi o meio que transformou o ocorrido em evento, e, consequentemente, em comunicação.

Após a saudação à multidão, o novo pontífice continuou seu primeiro e breve discurso rezando por seu predecessor, o papa Bento XVI, desejando a todos um caminho comum de irmandade. Mas antes de iniciar a habitual bênção, fez um gesto que surpreendeu a todos os irmãos, os que estavam na praça e os que assistiam o evento pela televisão, surpreendendo inclusive os operadores da comunicação. Abriu os braços e se dirigiu à multidão festiva: "Vos peço um favor: antes de o bispo abençoar o povo, peço-vos que rezeis ao Senhor para que me abençoe; é a

2 Eis algumas passagens do discurso com o qual, na noite de 16 de outubro de 1978, o recém-eleito papa João Paulo II saudou pela primeira vez a multidão: "Caríssimos irmãos e irmãs, [...] os eminentíssimos cardeais chamaram um novo bispo a Roma. O chamaram de um país distante [...]. Não sei se posso explicar-me bem na vossa... nossa língua italiana. Se eu errar, me corrijam".

3 Cf. MAZZA, G. (org.). *Karol Wojtyla, un pontefice in diretta. Sfida e incanto nel rapporto tra Giovanni Paolo II e la TV* – Atti del convegno Evento religioso, evento televisivo: Giovanni Paolo II. Roma: Pontificia Università Gregoriana, 06-07/04/2006. • VIGANÒ, D.E. *La Chiesa nel tempo dei media*. Roma: OCD, 2008.

oração do povo pedindo a bênção para o seu bispo. Façamos em silêncio esta vossa oração por mim".

Diante desta sua palavra, a fragorosa praça silencia, recolhendo-se em oração junto ao pontífice, que une as mãos e inclina a cabeça: para os vinte intermináveis segundos subsequentes, as televisões do mundo inteiro não podiam fazer outra coisa senão transmitir o espetáculo potentíssimo de uma multidão imóvel, uma maré humana contendo a respiração, imersa em silêncio carregado de emoção. Um silêncio completamente antitelevisivo, mas provavelmente o momento mais importante de todo o discurso inicial, como o sublinhará mais tarde Aldo Grasso, no jornal italiano *Corriere della Sera*.

> Digamos sem delongas que o gesto mais espiritual, inesperado, e em muitos aspectos surpreendente foi o momento de recolhimento, foram os longos instantes de silêncio nos quais o novo papa pede aos fiéis da praça a intercessão por uma bênção celeste: "Peço-vos que rezeis ao Senhor para que me abençoe". O silêncio vale mais do que todas as palavras: um pontífice que inicia com um silêncio assim intenso e clamoroso (na ausência de clamor) preanuncia algo inovador. São dias nos quais as imagens são carregadas de um caráter simbólico fora do comum [...]. As primeiras palavras serão repetidas infinitas vezes: "Parece que os meus irmãos cardeais tenham ido buscá-lo quase no fim do mundo... Eis-me aqui". Vinte minutos depois, o anúncio do novo pontífice é twitado no site account@Pontifix, que desde o dia da renúncia de Bento XVI tinha sido suspenso: *Abemus Papam Franciscum*[4].

Estamos diante de uma cerimônia "transformativa", ou seja, de um momento de viragem, de uma

4 GRASSO, A. Quel silenzio nel mezzo del discorso. In: *Corriere della Sera*, 14/03/2013.

> fase limiar da própria cerimônia – o momento da suspensão do tempo social ordinário – que interrompe o curso ordinário da história. Ele convida a sociedade a considerar caminhos alternativos e, desta forma, fazer novas experiências da confusão, da tensão e da exaltação da sua origem. Nascem novos projetos, à luz dos quais o passado é reinventado e a memória coletiva reorganizada[5].

Acredito que cada um de nós deve ter tido desde o início do ministério de Bergoglio a clara sensação de que este papa se apresentou como o missionário da Igreja, disposto a ir até os confins da terra para poder testemunhar Jesus Cristo e levar a todos os homens o Evangelho da misericórdia. As palavras de seu coração animam os jovens, os adultos, crentes e não crentes, que querem encontrá-lo ao menos uma vez. A força do papa Francisco está na emoção que nasce do encontro com o homem. Um encontro sempre e em última análise fraterno, convencido de que a cultura da solidariedade e da proximidade deve alargar-se das relações individuais à família humana, entendida como sujeito unitário de direitos e obrigações, e ao ambiente natural, com a assunção de uma responsabilidade de cidadania global prolongada também no tempo para as gerações futuras. Ponto culminante de sua encíclica, *Laudato si'*, ele não desiste desta batalha fundamental – por outro

---

5 DAYAN, D. & KATZ, E. *Media Events:* The Live Broadcasting of History. Cambridge: Harvard University Press [Trad. it.: *Le grandi cerimonie dei media* – La storia in diretta. Bolonha: Baskerville, 1993, p. 178]. A intuição de fundo, na verdade, não é de Dayan e Katz, mas é da esfera cultural do "liminale-liminoide", patrimônio dos estudos de antropologia cultural coligados a Victor W. Turner e A. van Gennep. Do primeiro recordamos *From Ritual to Theatre:* The Human Seriousness of Play. Nova York: Performing Arts Journal Publications, 1982 [Trad. it.: *Dal rito al teatro*. Bolonha: Il Mulino, 1986]. • *The Ritual Process:* Structure and Anti-Structure. Chicago: Aldine, Chicago, 1969 [Trad. it.: *Il processo ritual* – Struttura e anti-struttura. Bréscia: Morcelliana, 1972]. • Are There Universals of Performance in Myth, Ritual, and Drama? In: SCHECHNER, R. & APPEL, W. (eds.). *By Means of Performance:* Intercultural Studies of Theatre and Ritual. Cambridge: Cambridge University Press, 1990, p. 8-18.

lado plenamente compartilhada também pelos que culturalmente estão distantes dele – pelo futuro do planeta.

Voltando à intuição comunicativa do papa Francisco: na abertura dialógica daquele "boa-noite" que já sinaliza uma intenção precisa de comunicação "nos dois sentidos", imediata e aberta à escuta, ele também constrói uma emocionante experiência de intercâmbio na qual se reconfirma o sentido de comunidade da Igreja e do mundo inteiro.

No primeiro momento que o homem que rapidamente será definido como o "papa do povo" encontra o mundo, seu discurso é impostado de forma a responder a uma necessidade: a de proximidade e simplicidade que uma Igreja, testada por um contexto histórico difícil e por muitos escândalos, é fortemente convidada a testemunhar. Além disso, com uma abordagem deste tipo, Francisco já revela muito de sua personalidade e de seu modo de comunicar: o estilo sóbrio, a humildade, a propensão nata ao diálogo, à relação direta, que desde as sucessivas aparições públicas se traduzirá também na necessidade física do abraço[6]. Posteriormente, com o desenvolvimento de seu pontificado, conheceremos também seus tons decisivos, a firme assertividade; mas naquela noite, naqueles poucos minutos na sacada da bênção da Praça de São Pedro, já foi possível colher alguns traços da personalidade de Francisco que permanecerão posteriormente inalterados, inclusive no imaginário coletivo: a acessibilidade, o pragmatismo, a franqueza, o senso de familiaridade. Em uma palavra: a humanidade.

6 Cf. VIGANÒ, D.E. *Fedeltà è cambiamento* – La svolta di Francesco raccontata da vicino. Roma: Rai Eri, 2015. VIGANÒ, D.E. La comunicazione del contato. In: *Cosmopolis*, X, 2014. • Rivista online promossa dal dipartimento di Filosofia, Linguistica e Letterature dell'Università degli Studi di Perugia.

Um acontecimento de alcance histórico como a eleição papal não pode não mudar o mundo. E sua difusão televisiva, que também o transforma em evento imediato, é destinada, por sua vez, a produzir transformações não só na opinião pública, mas também no comportamento das pessoas, nas geografias sociais e, a longo prazo, nas agendas e nas orientações das instituições políticas. Podemos dizer tranquilamente, pois, que a partir daquela noite o mundo mudou, e também mudou através das palavras e das imagens. "Ao longo da celebração acontece uma transformação nos espectadores, que passam do 'indicativo' ao 'optativo'. A sociedade 'tal e qual' se tornou a sociedade 'tal e qual poderia ser'. *A utopia torna-se crível*"[7].

Portanto, a comunicação, sobretudo em um palco planetário como o que se oferece – e que se impõe – a um pontífice, não é forma: é substância. Por isso é analisada de pleno direito como um elemento da ação pastoral do papa Francisco. Mas o percurso que nos levará a indagar as estruturas retóricas e comunicativas que lhe são próprias, para chegar a intervenções textuais complexas e fundantes como as encíclicas, deve partir de mais longe. De onde procedem, de fato, este papa e este seu estilo inconfundível destinado a mudar profundamente a Igreja?

"Me esperava o Senhor '*miserando et eligendo*'"

Primeiro de cinco filhos, Jorge Mario Bergoglio nasce em Buenos Aires no dia 17 de dezembro de 1936, de pais de origem italiana. O pai, Mario José, é piemontês e, chegado na Argentina em 1928 para unir-se a alguns parentes que já tinham construído

---

7 DAYAN, K. *Media Events*. Trad. it., p. 220. A atenção ao "conjuntivo" (ou optativo) utópico também é uma herança dos estudos antropológicos ligados ao conceito de "liminoide". Cf. MAZZA, G. Liminalità, comunicazione, coesistenza: transazioni nomadiche dell'identità socio-teologica. In: *Ricerche Teologiche*, 17, 2006/2, p. 427-453.

uma pequena empresa, encontra um emprego como funcionário das ferrovias. Nesse ínterim, conheceu Regina María Sivori, também imigrada, mas da Ligúria. De seu matrimônio nascem, após o futuro pontífice, outros quatro filhos: Óscar Adrián, em 1938; Marta Regina, em 1940; Alberto Horacio, em 1942; e María Elena, em 1948.

Mario José, no entanto, não deixou a Itália sozinho: filho único, levou consigo sua mãe Rosa; ambos, muito fervorosos, antes de emigrar militavam na nascente Ação Católica de San Martino de Asti, e seus ensinamentos o jovem Jorge Mario sempre os guardou como um luminoso exemplo. Quando sentiu o chamado à vida consagrada, a primeira pessoa com quem compartilhou esse desejo foi o próprio pai: "Ele reagiu bem. Aliás, disse-me que ficaria feliz. Tinha a certeza de que meu pai me compreenderia. Sua mãe foi uma pessoa extremamente religiosa e ele herdou dela aquela religiosidade e aquela força, unidas à grande dor do abandono da própria terra"[8].

A avó Rosa foi, de fato, um dos laços mais importantes da infância de Bergoglio, e a seu lado destacou-se a mãe Regina; não por acaso, em suas palavras de pontífice ocorrerão frequentemente reflexões sobre a importância da figura feminina no interior da família:

> No centro da vida da Igreja está a Mãe de Jesus. Talvez as mães, prontas para muitos sacrifícios pelos filhos, e frequentemente também pelos dos outros, deveriam ser escutadas. Seria necessário compreender melhor a sua luta cotidiana para serem eficientes no trabalho e diligentes e afetuosas em família; seria necessário compreender melhor quais são as suas aspirações, a fim de expressar os frutos melhores e

8 BERGOGLIO, J.M. *Papa Francesco. Il nuovo Papa si racconta. Conversazione con Sergio Rubin e Francesca Ambrogetti*. Milão: Salani, 2013.

> autênticos da sua emancipação. Uma mãe com os filhos sempre tem problemas, trabalhos. Lembro-me que em casa éramos cinco filhos, e enquanto um fazia uma travessura o outro fazia outra, e a minha pobre mãe corria de um lado para o outro, mas era feliz. Deu-nos tanto[9].

Por isso, a simplicidade de Bergoglio não é, e nem pode parecer, retórica: porque ela vem da simplicidade real de uma família numerosa e obviamente não abastada.

Por volta dos 18 anos houve um episódio que mudou o curso de sua vida:

> No dia 21 de setembro de 1954 me derrubaram do cavalo. Conheci P. Carlos B. Duarte Ibarra em Flores (minha paróquia). Confessei-me com ele por acaso... e ali – sem eu estar no banco dos impostos como o santo do dia [Mateus] – me esperava o Senhor *miserando et eligendo*. Ali não tive dúvidas de que devia ser sacerdote[10].

Miserando atque eligendo será também o lema que, uma vez eleito bispo, escolherá e manterá no emblema pontifício, seja porque faz referência ao amor misericordioso e salvífico de Deus, que papa Francisco recorda incansavelmente, seja em memória daquele dia, nos idos de 1954, festa de São Mateus[11], no qual recebeu o chamado espiritual:

> Esse foi o momento em que me deparei com a misericórdia de Deus e que está muito ligado ao meu lema episcopal: 21 de setembro é o dia de São Mateus, e Beda o Venerável, falando da conversão de

---

9 FRANCESCO. Udienza generale *La famiglia – 2. Madre*, 07/01/2015.

10 FRANCESCO. Storia di una vocazione. In: *L'Osservatore Romano*, 23-24/12/2013.

11 É exatamente de uma homilia de São Beda o Venerável, comentando o episódio evangélico da vocação de São Mateus, que são tiradas as palavras do lema: "Vidit ergo Iesus publicanum et quia miserando atque eligendo vidit, ait illi Sequere me" ("Viu Jesus um publicano e como o olhou com sentimento de amor e o escolheu, lhe disse: Segue-me", Om. 21. • *Corpus Christianorum Latinorum* [CCL]. Turnhout: Brepols, 1953-, vol. 122 (1955), p. 149-151).

> Mateus, disse que Jesus olhou Mateus *miserando atque eligendo.* Trata-se de uma expressão que não se pode traduzir, porque no italiano um dos dois verbos não tem gerúndio, tampouco em espanhol [e português]. A tradução literal seria: "misericordiando e escolhendo", quase como um trabalho artesanal. "O misericordiou": esta é a tradução literal do texto. Quando, anos mais tarde, recitando o breviário latino, descobri esta leitura, dei-me conta de que o Senhor me havia modelado artesanalmente com sua misericórdia. Cada vez que vinha a Roma, já que me alojava na via da Scrofa, ia à igreja de São Luís dos Franceses para rezar diante do quadro de Caravaggio, que representa justamente a *Vocação de São Mateus*[12].

Em conformidade com este princípio, Jorge Mario Bergoglio escolheu imediatamente uma atitude dialógica: colocou-se à escuta do mistério de Deus, mas também buscou confrontar-se com quem podia ajudá-lo a compreender o que fazer[13]. Ele mesmo o descreve em uma longa carta de 1990, destinada ao historiador da Igreja na Argentina, o jesuíta Cayetano Bruno, na qual reconstitui os anos juvenis na lembrança de padre Enrique Pozzoli, o salesiano de origem italiana que o batizou (no Natal de 1936) e que foi seu primeiro e importante guia espiritual:

> Senti a vocação pela primeira vez em Ramos Mejía, quando estava na minha 6ª série. Sobre isso falei com o famoso "pescador" de vocações, padre Martínez S.D.B. Mas em seguida comecei a escola secun-

12 Intervista a papa Francesco. In: RIZZOLO, A. (org.). Il tempo della misericordia è ora, a cura di A. Rizzolo. *Credere*, 06/12/2015, p. 6-14.

13 Talvez aqui se resuma a fecundidade daquele silêncio que se faz escuta, e que Bergoglio honrará – como já vimos – desde sua primeira aparição, na noite da eleição ao trono de Pedro. No paradigma anunciado pela filosofia da linguagem, à escuta do mundo/do outro e ao compreender/compreender-se correspondem os silêncios de abertura (disponibilidade) e os silêncios de fechamento (porque a um falar deve sempre corresponder um calar). Cf. JACOB, A. *Introduction à la philosophie du langage*. Paris: Gallimard, 1976 [Trad. it.: *Introduzione alla filosofia del linguaggio*. Bolonha: Il Mulino, 1980].

dária, e "saudações"! Comecei a estudar química e costumava passar longos períodos (sobretudo no verão) na casa de meus avós maternos, na rua Quintino Bocayuva. [...] Nada falei em casa até novembro de 1955: naquele ano terminei o Curso Industrial (eram seis anos) e me formei como técnico químico. Em casa não estavam convencidos. Eram católicos praticantes... Mas preferiam que eu esperasse alguns anos, estudando na universidade. Depois de compreender tudo, me dirigi ao padre Pozzoli e contei-lhe o que estava acontecendo. Ele examinou minha vocação. Pediu-me para rezar e que deixasse tudo nas mãos de Deus[14].

E graças a padre Pozzoli, e suas exortações de confiar na vontade do Senhor, o jovem Jorge Mario construiu a escolha do sacerdócio sem forçar os tempos: formou-se perito químico na Universidade de Buenos Aires, e no ínterim continuou trabalhando e convivendo com os amigos. O pensamento de dedicar sua vida à Igreja, no entanto, nunca deixou de acompanhá-lo, até que a família decidiu pedir conselho justamente ao padre Pozzoli. Bergoglio conta o quanto foi decisiva a intervenção do presbítero e como ele lhe permaneceu próximo. Trata-se de uma verdadeira e própria operação maiêutica:

> Existe liberdade de espírito para ajudar uma vocação! No meio do café da manhã ele pôs a questão. P. Pozzoli disse que a universidade é uma boa coisa, mas que as coisas acontecem quando Deus quer, e elas nos arrebatam... e começou a contar histórias diversas de vocações (sem tomar partido), e no final contou a sua vocação. [...] Naturalmente P. Pozzoli não terminou dizendo aos meus pais que me deixassem ir para o seminário nem exigindo deles uma decisão... Simplesmente se deu conta de que devia "suavizar". Foi o que ele fez... o resto veio naturalmente. Era típico dele: *una de cal y otra de arena*,

14 FRANCESCO. *Storia di una vocazione*. Op. cit.

> diriam os espanhóis [*morde e assopra*, diríamos em português]. Alguém não sabia onde queria ir... mas ele sim; e geralmente não queria chegar a um ponto onde percebesse que "tinha vencido". Quando "farejava" que estava prestes a obter o que queria, se retirava antes que os outros se dessem conta. Então a decisão vinha sozinha, livremente de seus interlocutores. Não se sentiam forçados, mas ele lhes havia preparado o coração. Tinha semeado... mas deixava aos outros o sabor da colheita[15].

A modalidade dialética de padre Pozzoli quase lembra aquela, sutilíssima, mas nem por isso desrespeitosa, de um jesuíta, Inácio de Loyola. De fato, com o princípio "entrar com a sua para sair com a nossa"[16] ele indica uma modalidade de confronto e diálogo com o outro, entendendo que ganhar o próprio interlocutor para a causa exige antes de mais nada entrar em seu modo de pensar. Como o sintetizará o próprio Bergoglio, já pontífice, "a verdade é um encontro"[17], e talvez não seja por acaso que, depois de ter crescido na fé sob a égide de um homem como padre Pozzoli, Jorge Mario escolherá enfim fazer parte da Companhia de Jesus.

Com uma decisão amadurecida junto a toda a sua família, Jorge Mario entrou no seminário de Villa Devoto em 1956. No verão do ano seguinte contraiu pneumonia, que lhe trouxe complicações muito sérias: uma intervenção cirúrgica o salvou, mas deixando-o por um longo período em convalescença, confortada pelas visitas de padre Pozzoli. Uma vez curado, Bergoglio não retornou ao seminário: em 1958 juntou-se aos jesuítas, passou o noviciado estudando filosofia e teologia no Chile e, uma vez de regresso a Buenos Aires, laureou-se nas duas maté-

15 Ibid.

16 GONZÁLEZ, M.R. *Once calas en la Historia de la Compañía de Jesús* – "Servir a todos en el Señor". Madri: Universidad Pontificia de Comillas, 2006, p. 116.

17 FRANCESCO. Meditazione mattutina Domus Sanctae Marthae, 08/05/2013.

rias. Onze anos mais tarde, no dia 13 de dezembro de 1969, foi ordenado sacerdote.

Graças à sua personalidade carismática, foi nomeado padre provincial dos jesuítas na Argentina com apenas 36 anos e permaneceu no comando da Companhia no país sul-americano até 1980, quando assumiu o reitorado do colégio San Miguel, onde estudara. Por uns doze anos ele dedicou-se ao estudo e ao ensino (Filosofia, Teologia, Psicologia e Literatura), até que, em 1992, João Paulo II o nomeou bispo auxiliar de Buenos Aires, tornando-se, em 1998, arcebispo da capital argentina.

Quinze anos o separam ainda de sua eleição papal, tempo ao longo do qual Bergoglio investiu a maior parte de sua energia ao serviço de sua diocese, que a define como "minha esposa", considerando-a sua verdadeira missão. Ele mantém um perfil popular, mistura-se com o povo, usa os meios de transporte públicos percorrendo quilômetros de distância para alcançar as mais distantes periferias. E "periferias" será igualmente uma das palavras-chave de seu discurso às congregações gerais, feito no dia 9 de março de 2013: "A Igreja é chamada a sair de si mesma e ir para as periferias, não só as geográficas, mas também as existenciais: as do mistério do pecado, da dor, da injustiça, as da ignorância e da indiferença religiosa, as do pensamento, as de toda espécie de miséria". Dirá aos cardeais reunidos para o conclave, convidando-os a eleger um pontífice capaz de levar a Igreja naquela direção, fora da redoma autorreferencial na qual acabou se fechando e "ficando doente".

Justamente ele será o escolhido, um homem cuja maior preocupação, por anos, foi a de levar a presença da Igreja aos lugares da diocese abandonados pelo Estado e pela administração. Por isso, durante seu episcopado, Bergoglio promoveu ativamente as atividades pastorais, exortando seus párocos a transformar suas igrejas no coração pulsante da comunidade, a construir novas e, onde possível, criar lugares de culto e oração também em garagens, em casas particulares, em locais postos à disposição por qualquer pessoa; o importante é criar uma presença capilar. É a assim chamada "estratégia dos 600 metros", uma intuição que lhe ocorreu após ter lido um estudo sociológico que dizia ser este o raio máximo de influência de uma paróquia.

Nesse ínterim, em 2001, Bergoglio foi feito cardeal por João Paulo II, e quatro anos depois, no conclave de 2005, que elegeu Joseph Ratzinger, mesmo desconhecido da maioria, o cardeal de Buenos Aires angariou um bom número de votos. No mesmo ano foi eleito presidente da Conferência Episcopal Argentina, e em 2007 conheceu um dos seus momentos mais fortes no Brasil, no Santuário de Nossa Senhora Aparecida. Do documento produzido por aquela V Conferência Geral do Episcopado Latino-Americano e do Caribe emerge uma Igreja atravessada por uma grande vitalidade, em pleno fermento, "em estado de missão", disse o próprio Bergoglio, que, no dia 23 de fevereiro de 2013, o papa Bento XVI – cinco anos antes que sua demissão se tornasse possível – o nomeou como membro da Pontifícia Comissão para a América Latina.

O próprio Ratzinger sublinhou várias vezes a humildade e o espírito de serviço de seu futuro sucessor. Ademais, o próprio cardeal Bergoglio sempre se mostrou indiferente às lógicas do "carreirismo eclesiástico" que aflige parte do clero[18]. Em uma entrevista dada por ocasião do consistório de março de 2012 ele dizia:

---

18 Cf. FRANCESCO. Omelia per il concistoro ordinario pubblico per la creazione di nuovi cardinali, 22/02/2014. • FRANCESCO. Esortazione apostolica *Evangelii Gaudium*, 24/11/2013.

> O cardinalato é um serviço, não é um honra para vangloriar-se. A vaidade, o vangloriar-se é uma atitude da mundanidade espiritual, que é o pior pecado da Igreja. Esta afirmação se encontra nas páginas finais do livro *Méditation sur l'Église*, de Henri De Lubac. A mundanidade espiritual é um antropocentrismo religioso que tem aspectos gnósticos. O carreirismo, a busca por promoções, entra plenamente nesta mundanidade espiritual. Repito-o frequentemente, para exemplificar a realidade da vaidade: olhai o pavão, como é lindo quando visto de frente. Mas se fazeis algum passo, e o olhardes pelas costas, colhereis a realidade... Quem cede a essa vaidade autorreferencial no fundo esconde uma miséria muito grande[19].

Em 2014 Bergoglio, já pontífice, encontrando-se na Cúria de Roma, elenca as "doenças curiais", dentre elas, a

> de divinizar o papa. É a doença dos que fazem a corte aos superiores, na esperança de obter deles a benevolência. São vítimas do carreirismo e do oportunismo; honram as pessoas, e não Deus (cf. Mt 23,8-12). São pessoas que vivem o serviço pensando unicamente no que devem obter, e não no que devem dar. Pessoas mesquinhas, infelizes e movidas apenas por seu egoísmo fatal (cf. Gl 5,16-26). Essa doença poderia também atingir os superiores, quando fazem a corte a alguns de seus colaboradores para obter sua submissão, lealdade e dependência psicológica, mas o resultado final é uma verdadeira cumplicidade[20].

Em Bergoglio sempre foi forte a convicção de que o serviço impõe uma dimensão necessariamente humilde, uma postura distante do protagonismo, além de exigir contato direto com a realidade da vida e das pessoas. Quando, em 2001, por exemplo, lhe foi oferecida uma função curial de significativa importância,

---

19 TORNIELLI, A. Carrierismo e vanità, peccati nella Chiesa. In: *La Stampa – Vatican Insider*, 14/03/2012.

20 FRANCESCO. Discorso in occasione degli auguri natalizi alla Curia Romana, 22/12/2014.

ele não aceitou, com uma resposta simples e direta: "Por favor, na cúria eu morro".

Eleito papa, nele permanecerá viva a necessidade do contato com o povo, inclusive física, e ele manterá a mesma atitude de simplicidade e confidencialidade que o tornaram tão amado dos argentinos durante seu episcopado portenho: se alguns reagiram imediatamente com estupor diante de sua decisão de morar na Casa Santa Marta, ele a defenderá como uma escolha de coerência natural. Em uma carta de 13 de maio de 2013, endereçada ao amigo de uma vida, padre Enrique Martínez, pároco da igreja da Anunciação em Buenos Aires, ele escreve: "Não quis morar no palácio apostólico. Vou lá somente para trabalhar e para as audiências. [...] Tudo isto aqui me faz bem e não me deixa ficar isolado"[21].

Ele o reafirmará de maneira igualmente inequívoca em uma entrevista de maio de 2015 ao jornal argentino *La Voz del Pueblo*:

> Eu, psicologicamente, não posso viver sem o povo, não sou um monge; por isso, fiquei morando nesta casa [a residência de Santa Marta]. Esta é uma casa

21 Papa Francisco voltará ao tema também em um encontro com estudantes, respondendo às suas perguntas: "Acho que não é questão apenas de riqueza. A meu ver, trata-se de algo ligado com a minha maneira de ser, a minha personalidade. A questão está aqui. Eu preciso viver no meio das pessoas e, se tivesse de viver sozinho, provavelmente um pouco isolado, não me faria bem. A mesma pergunta me foi feita por um professor: 'Mas por que o Senhor não vai morar lá?' Eu lhe respondi: 'Pode crer-me, professor: por motivos psiquiátricos'. É a minha personalidade. Aliás, não se preocupem, pois o apartamento [do Palácio Pontifício] não é tão luxuoso assim [...] mas não posso viver sozinho, entendem? Além disso, acho que é melhor assim: os nossos dias falam-nos de tanta pobreza no mundo, e isto é um escândalo. A pobreza do mundo é um escândalo. Num mundo onde há tantas, tantas riquezas, tantos recursos para dar de comer a todos, não se pode entender que hajam tantas crianças famintas, tantas crianças sem instrução, tantos pobres! Hoje a pobreza é um grito. [...] Como posso tornar-me um pouco mais pobre para me assemelhar melhor a Jesus, que era o Mestre pobre? Não se trata de um problema de virtude pessoal; é que eu não posso viver sozinho. E o mesmo se diga acerca do automóvel: é assim, para não ter tantas coisas e tornar-me um pouco mais pobre. É isto" (FRANCESCO. Discorso agli studenti delle scuole gestite dai gesuiti in Italia e Albania, 07/06/2013).

> para hóspedes, com 120 quartos. Vivemos aqui em quarenta pessoas, todas trabalhando na Santa Sé; os demais são hóspedes: bispos, sacerdotes, leigos de passagem que são hospedados. Isto me faz muito bem. Vir aqui, comer no refeitório ao lado das pessoas, celebrar a missa num lugar onde quatro vezes por semana vêm pessoas de fora, das paróquias... Isto me agrada muito. Eu me fiz sacerdote para estar no meio das pessoas. Dou graças a Deus por não ter perdido este desejo[22].

A comunicação eficaz e sincera da simplicidade produz um efeito de resposta igualmente simples e espontâneo: as pessoas acorrerão em grande número, desde o início de seu pontificado, a cada ocasião de encontro, a fim de se tornarem protagonistas daquele diálogo que Bergoglio colocará em cena em cada aparição pública e em cada discurso[23]. Assim, as audiências atrairão tantos fiéis, que será impossível continuar realizando-as na Sala Paulo VI; o encontro semanal se deslocará, pois, para a Praça de São Pedro, onde chega-se a contar 70.000 pessoas. Também nessas ocasiões, papa Francisco demonstrará sua preocupação principalmente para com os mais fracos: em condições climáticas difíceis; por exemplo, crianças, anciãos e doentes receberão por primeiro sua saudação na mencionada sala e em seguida essas pessoas poderão acompanhar dali o resto da audiência. O mesmo ocorrerá durante as viagens apostólicas: a cada etapa uma multidão enorme

22 Intervista a papa Francesco di J. Berretta. La gente me hace bien. In: *La Voz del Pueblo*, 24/05/2015 [ripubblicada con il titolo: *Mi manca il camminare per le estrade*. In: *L'Osservatore Romano*, 25-26/05/2015]. Cf. BERGOGLIO, M. *Risponde papa Francesco* – Tutte le interviste stampa. Veneza: Marsilio, 2015, p. 281-290.

23 Por outro lado, que a simplicidade já faça escola o demonstra a própria linguagem publicitária, que redescobriu há muito tempo sua absoluta eficácia comunicativa, não obstante a simplicidade dos códigos. Cf. GADOTTI, G. La "semplicità" nella comunicazione pubblicitaria. In: *Aperture*, 8, 2000, p. 53-58. • VIGANÒ, D.E. *Chiesa e pubblicità* – Storia e analisi degli spot 8x1000. Soveria Mannelli (CZ): Rubbettino, 2012.

acorrerá para festejar sua chegada e incontáveis são as vezes em que o papa pedirá para que parem o papa-móvel, a fim de descer e acariciar, abraçar e beijar com ternura os mais necessitados.

Também por isso Jorge Mario Bergoglio será desde os primeiros dias definido como "o papa do povo", e será percebido por todos como um homem que sempre carrega consigo suas origens e que vive de acordo com os valores de simplicidade, essencialidade, humildade e generosidade, aprendidos primeiramente em âmbito familiar, mas também ao longo de sua experiência sacerdotal, que ocupou grande parte de sua vida.

A memória de sua formação nos interessa de modo particular porque ela posteriormente vai transformar-se em tema de um de seus textos mais significativos, a exortação apostólica *Evangelii Gaudium*, primeiro texto assinado exclusivamente por ele[24], no qual enfrentará o desafio do anúncio do Evangelho no mundo contemporâneo. Sobre ela falaremos mais amplamente no capítulo 3. Antes disso, porém, aprofundemos as raízes simbólicas de seu pontificado, que se espelham em dois santos – Francisco de Assis e Inácio de Loyola –, muito diferentes entre si, mas cada qual oferecendo sua marca particular à concepção da comunicação como diálogo e como "ato linguístico" do papa Francisco.

A herança do santo de Assis

Bergoglio é o primeiro jesuíta a ser eleito ao trono pontifício e o primeiro papa a escolher o nome de Francisco. Fixemos, pois, primeiramente, no valor simbólico do nome que o pontífice se deu e nas implicações dessa decisão.

---

24 A primeira publicação do papa Francisco é a Carta Encíclica *Lumen Fidei*, de 29/07/2013, um texto escrito a quatro mãos com seu predecessor papa Bento XVI.

A escolha do nome do santo de Assis foi um grande ato de comunicação, e o próprio Bergoglio explicou seus motivos na audiência com os representantes das mídias, poucos dias após a sua eleição:

> Alguns não sabiam a razão pela qual o Bispo de Roma quis chamar-se Francisco. Alguns pensaram em Francisco Xavier, em Francisco de Sales, também em Francisco de Assis. Contar-vos-ei a história. Na eleição, eu tinha ao meu lado o arcebispo de São Paulo e também prefeito-emérito da Congregação para o Clero, o cardeal Cláudio Hummes: um grande amigo, um grande amigo! Quando a coisa se tornava um pouco perigosa, ele me confortava. E quando os votos subiram a dois terços, houve o aplauso costumeiro, pois o papa havia sido eleito. Ele abraçou-me, beijou-me disse: "Não te esqueças dos pobres!" E aquela palavra entrou aqui: os pobres, os pobres. Em seguida, de repente, em relação aos pobres pensei em Francisco de Assis. E me veio também em mente as guerras, enquanto o escrutínio prosseguia, até a apuração final. E Francisco também é o homem da paz. E assim surgiu o nome no meu coração: Francisco de Assis. Para mim ele é o homem da pobreza, o homem da paz, o homem que ama e cuida da criação. Neste momento nós não temos uma relação muito boa com a criação, não é? Ele é o homem que nos dá este espírito de paz, o homem pobre... Ah, como eu gostaria de ver uma Igreja pobre e para os pobres![25]

Pobreza, paz e cuidado da criação serão os temas básicos do pontificado de Bergoglio, e embora não se possa definir como "programático" esse discurso que o papa faz em uma de suas primeiras audiências, ele acabou se concretizando. Pela escolha do nome, de fato, Bergoglio declara expressamente ter recolhido a herança do santo de Assis e de assumir seus ensinamentos e interpretação do Evangelho como referência exemplar. Francisco de Assis, de fato,

25 FRANCESCO. Udienza ai rappresentanti dei media, 16/03/2013.

> é o santo da comunicação com todas as criaturas do universo, mas é também o santo da pobreza, da fraternidade, do amor para com os últimos, da apaixonada união com Jesus Cristo, do abraço da dor como forma de dádiva ao Senhor. Tudo isso faz parte da beleza que constitui a figura de Francisco. O que este papa faz é resgatar todos esses aspectos, sem negar nenhum deles[26].

Mas São Francisco não é somente o santo dos pobres; também é uma figura profundamente dialética, seja no sentido de uma atitude de ruptura, que não tem medo de desafiar os cânones de seu tempo com ações explosivas em nível prático e simbólico, seja no sentido, mais brando e reconfortante, de uma tradição religiosa que o mostra em diálogo com todas as criaturas, das menores às mais ferozes.

Entre os primeiros a sublinhar as semelhanças entre o novo papa e o santo de Assis na abordagem das pessoas está o prêmio nobel de literatura Dario Fo, anticlerical de carteirinha, mas seduzido pela figura de Bergoglio: "Eu o ouvi com atenção. Nele nunca há fingimento. Ele é carregado por um pensamento limpo, claro e consciente; e o que ele diz tem um valor extraordinário na memória e na atenção das pessoas"[27]. No espetáculo *Francesco. Lu Santo Jullare*, transmitido pela RAI I no dia 22 de junho de 2014, Fo reelabora o seu texto teatral de 1999 centrado no santo de Assis, atualizando-o e colocando-o em diálogo com as palavras do novo pontífice. Um primeiro traço de São Francisco que reenvia à figura do pontífice argentino é que ele "faz observações

---

26 FERNÁNDEZ, V.M. & RODARI, P. *Il progetto di Francesco* – Dove vuole portare la Chiesa. Bolonha: EMI, 2014, p. 21.

27 Intervista del Centro Televisivo Vaticano con Dario Fo, per la rializzazione del documentario *27 aprile 2014 – Racconto di un evento,* prodotto in collaborazione con Sky3D e presentato al 9º Festival internazionale del film di Roma (oggi Festa del cimena di Roma).

pesadas sobre aqueles membros da Igreja que são vítimas do desejo de desfrutar a vida na terra sem esperar o paraíso, e também intervém contra a permissividade e a sede de dinheiro"[28].

Além disso, São Francisco é um peregrino, um homem que escolheu viver na estrada e imerso na realidade, que fala nas praças e se dirige às pessoas usando seu próprio dialeto umbro, mesmo carregando consigo uma formação muito mais refinada graças à sua origem burguesa. Também Bergoglio, não obstante sua erudita formação teológica, em circunstâncias públicas prefere adotar um registro simples e acessível a todos; além disso, é um papa que ama misturar-se com as pessoas, que deseja um contato direto, um diálogo, uma relação feita de palavras e de escuta; um papa que ama estar no meio, mas nunca no centro.

A escuta é um ato necessário no desenvolvimento da comunicação, e ela prevê acima de tudo o silêncio, condição indispensável para receber cada palavra pronunciada e colher o seu significado. Consequentemente, quando mais um indivíduo é capaz de ficar em silêncio, maior será o valor das palavras que proferirá, sendo estas o fruto de uma meditação. O silêncio é uma condição tão indispensável à comunicação, que Erving Goffman[29], em sua Teoria da Interação Social, postula a organização de cada situação dialógica em "turnos de palavras".

Somos falantes somente enquanto – contemporaneamente – somos ouvintes, e a atenção a essa dicotomia é constante no papa Francisco. Sobre esse tema também se deteve Bento XVI

---

28 Ibid.

29 Cf. GOFFMAN, E. *Behavior in Public Places:* Notes on the Social Organizations of Gatherings. Nova York: Free Press of Glencoe, 1963 [Ed. bras.: *Comportamento em lugares públicos.* Petrópolis: Vozes, 2010]. GOFFMAN, E. *Interaction Ritual:* Essays in Face-to-Face Behavior. Chicago: Aldine, 1967 [Ed. bras. *Ritual de interação.* Petrópolis: Vozes, 2011].

em reflexões que comungam comunicação, espiritualidade e conhecimento:

> O silêncio é parte integrante da comunicação, e sem ele não existem palavras densas de conteúdo. No silêncio ouvimos e conhecemos melhor a nós mesmos, nascendo e aprofundando o pensamento; compreendemos com maior clareza o que desejamos dizer e o que esperamos do outro, escolhemos como exprimir-nos. [...] Lá onde as mensagens e as informações são abundantes o silêncio se torna essencial para discernir o que é importante daquilo que é inútil ou acessório. Uma profunda reflexão nos ajuda a descobrir a relação existente entre acontecimentos que, à primeira vista, parecem desligados entre si; a avaliar, a analisar as mensagens. Isso permite compartilhar opiniões ponderadas e pertinentes, dando vida a um autêntico conhecimento compartilhado. Por isso é necessário criar um ambiente propício, quase uma espécie de "ecossistema" que saiba equilibrar silêncio, palavra, imagem e sons[30].

Como o lembra também Santo Agostinho, "nossa alma tem necessidade de solidão. Na solidão, se a alma está atenta, Deus se deixa ver. A multidão é barulhenta: para ver Deus é necessário o silêncio"[31]. Mas o silêncio não é somente meditação e escuta; como já vimos por ocasião da primeira aparição pública de Bergoglio, o silêncio é em si mesmo comunicação. Segundo um conhecido estudo da Escola de Palo Alto, é impossível não comunicar[32]. Estando, de fato, no estúdio de Paul Watzlawick,

---

30 BENEDETTO XVI. Messaggio per la XLVI Giornata mondiale delle comunicazioni sociali *Silenzio e Parola: cammino di evangelizzazione*, 24/01/2012.

31 SANT'AGOSTINO. *Commento al Vangelo di San Giovanni*. Roma: Città Nuova, 1968, p. 405.

32 Cf. WATZLAWICK, P.; BEAVIN, J.H. & JACKSON, D.D. *Pragmatics of Human Communication:* A Study of Interactional Patterns, Pathologies, and Paradoxes. Nova York: Norton, York 1967 [Trad. it.: *Pragmatica della comunicazione umana* – Studio dei modelli interattivi, delle patologie e dei paradossi. Roma: Astrolabio, 1971].

> com a presença de pessoas, "não se pode não comunicar". Até em uma situação anônima (como no interior de um vagão do metrô) as pessoas emitem mensagens não verbais (tipo: "Mesmo que eu esteja há poucos centímetros de ti, não te ameaço nem pretendo misturar-me à tua esfera íntima") e os outros (os companheiros de viagem) a acolhem, confirmam e reforçam ("Bem; o mesmo vale para mim em relação a ti")[33].

Também em nossos não ditos, com os nossos atos malogrados, existe inevitavelmente significado, perceptível a um interlocutor, e não é por acaso que Roland Barthes falava de "semiotização" de uma realidade cotidiana que se faz texto a ser interpretado em suas mais diversas formas e funções[34].

William Shakespeare, em *Hamlet*, escreveu que "as palavras sem pensamento nunca chegam ao céu". A comunicação exitosa "é, hoje como ontem, e hoje mais do que ontem, essencialmente fruto de pensamento, mas também de criatividade e, enfim, de amor ao silêncio"[35].

O silêncio também é recolhimento e meditação silenciosa, uma prática à qual o santo de Assis dava grande importância, como o testemunha Tomás de Celano, que, embora não sendo um de seus primeiros seguidores, conheceu-o pessoalmente:

> Procurava sempre um lugar escondido onde pudesse entregar a seu Deus não só o espírito, mas todo o seu corpo. Quando estava em lugares públicos e era visitado de repente pelo Senhor, para não ficar sem cela, fazia um pequeno abrigo com sua própria capa. Às vezes, quando estava sem capa, para não perder o maná escondido, cobria o rosto

33 ACCORINTI, M. Sociologia della comunicazione. In: VIGANÒ, D.E. (org.). *Dizionario della comunicazione*. Roma: Carocci, 2009, p. 581-597, cit. das p. 582-583.

34 Cf. BARTHES, R. *Eléments de sémiologie*. Paris: Seuil, 1964 [Trad. it.: *Elementi di semiologia*. Turim: Einaudi, 1966].

35 Ibid. Trad. it., p. VIII.

> com as mangas. Sempre interpunha alguma coisa aos circunstantes, para não perceberem o toque do Amado, e para poder rezar sem que o percebessem, mesmo nos estreitos limites de um navio. Se nada disso conseguia, fazia de seu próprio peito um templo. Fora de si e totalmente absorto em Deus, ele parava de tossir, de gemer, de suspirar forte, de se entregar a qualquer manifestação externa[36].

Se em Francisco de Assis o recolhimento constitui um indispensável momento de abstração da realidade, uma prática que nunca deve tornar-se um fim em si mesma, esta mesma visão retorna também em Bergoglio: embora considerando fundamental o momento da escuta, da oração e da meditação, ele frequentemente adverte para as possíveis derivas autorreferenciais que levam ao afastamento da realidade e ao isolamento, ou seja, à negação da comunicação, que, ao contrário, como o sugere a etimologia latina *communicare* ("colocar em comum", "compartilhar"), implica sempre um sair de si mesmo. Portanto, não se pode não comunicar, e para o papa Francisco, o intercâmbio se torna então uma dimensão essencial da existência, assim como um trabalho pastoral.

Como o santo de Assis, também Bergoglio está convencido de que o uso simples da linguagem deve ser um instrumento indispensável para uma Igreja que tem por missão andar no mundo:

> Se a Igreja nasceu católica, quer dizer que nasceu "em saída", que nasceu missionária. Se os apóstolos tivessem permanecido ali no cenáculo, sem sair para

---

36 CELANO, T. Vita seconda di San Francesco d'Assisi. In: *Fonti Francescane*, 681. Vêm à mente as belas reflexões de Paolo Valesio sobre o silêncio como plenitude que pisca para a *poiesis* e, em chave semiológica, explicita a mais eficaz das funções metalinguísticas. Cf. VALESIO, P. *Ascoltare il silenzio* – La retorica come teoria. Bolonha: Il Mulino, 1986. Cf. CAPRETTINI, G.P. *Principi di semiologia*. Turim: Giappichelli, 1978, p. 161-179.

> anunciar o Evangelho, a Igreja seria apenas daquele povo, daquela cidade, daquele cenáculo. Mas todos saíram pelo mundo afora, desde o instante do nascimento da Igreja, da descida do Espírito Santo sobre eles. Por isso a Igreja nasceu "em saída", ou seja, missionária. É isto que dizemos quando a qualificamos como *apostólica*, porque o apóstolo é quem anuncia a Boa Notícia da Ressurreição de Jesus. [...] Se, por exemplo, alguns cristãos fazem isto, dizendo: "Nós somos os eleitos, só nós", no final morrerão. Primeiro na alma e depois no corpo, porque não têm vida, não são capazes de gerar vida, outras pessoas, outros povos; não são apóstolos. É precisamente o Espírito que nos leva ao encontro dos irmãos, até daqueles mais distantes em todos os sentidos, para que possam compartilhar conosco o amor, a paz e a alegria que o Senhor Ressuscitado nos concedeu[37].

O débito de Bergoglio em relação a São Francisco se tornará explícito com a publicação da encíclica *Laudato si'*, na qual o reenvio ao *Cântico das Criaturas* é evidente desde o título. No capítulo dedicado à figura do santo, Bergoglio indica os motivos pelos quais o escolheu como referência: "A pobreza e a austeridade de São Francisco não eram simplesmente um ascetismo exterior, mas algo mais radical: uma renúncia a fazer da realidade um mero objeto de uso e de domínio"[38]. Como veremos mais adiante, também na escolha dos temas percebe-se um eco franciscano: Bergoglio parece de fato repropor, atualizando-os, os mesmos temas caros ao santo de Assis:

> A relação íntima entre os pobres e a fragilidade do planeta; a convicção de que tudo está estreitamente interligado no mundo; a crítica do novo paradigma e das formas de poder que derivam da tecnologia; o convite a procurar outras maneiras de entender

---

37 FRANCESCO. Udienza generale *La Chiesa – 6. Cattolica e Apostolica,* 17/09/2014.

38 FRANCESCO. *Laudato si',* n. 11, 24/05/2015.

> a economia e o progresso; o valor próprio de cada criatura; o sentido humano da ecologia; a necessidade de debates sinceros e honestos; a grave responsabilidade da política internacional e local; a cultura do descarte e a proposta de um novo estilo de vida[39].

Significativa é a declaração de intenções que encontramos na introdução – "nesta encíclica, pretendo especialmente entrar em diálogo com todos acerca da nossa casa comum"[40] –, que explicita a categoria do diálogo, singular num texto escrito e, além do mais, de tão grande peso. De fato, e como o veremos mais amplamente nas próximas páginas, também na produção escrita do papa Francisco se reafirma uma vocação à oralidade, à escolha daquilo que Barthes chamava de "grau zero" da escrita[41] ou, mais provavelmente, do recurso daquela oralidade secundária que outro jesuíta, Walter Ong, havia intuído[42]. Uma escolha que tem a ver com a natureza em permanente devir da oralidade, própria a outro grande ponto de referência de sua formação: Inácio de Loyola.

O discernimento inaciano

A segunda chave para interpretar o estilo comunicativo do papa Francisco, a segunda raiz que mergulha no seu passado, é sua formação jesuítica, a imersão na compreensão inaciana da vida:

> Seu próprio ministério episcopal e seu estilo de agir e pensar são plasmados pela *visio* inaciana, pela tensão antinômica a estar sempre e de

39 Ibid., n. 16.

40 Ibid., n. 3.

41 BARTHES, R. *Le degré zéro de l'écriture, suivi de Nouveaux essais critiques*. Paris: Seuil, 1953 [Trad. it.: *Il grado zero della scrittura, seguito da Nuovi saggi critici*. Turim: Einaudi, 1982].

42 A referência é obviamente ao celebérrimo ONG, W.J. *Orality and Literacy:* The Technologizing of the Word. Londres/Nova York: Methuen, 1982 [Trad. it.: *Oralità e scrittura* – Le tecnologie della parola. Bolonha: Il Mulino, 2007, 1986].

> qualquer maneira em *actione contemplativus*. Se a ação bergogliana não for enquadrada nessa dimensão contemplativa e profundamente orante e de discernimento não é possível compreender seu significado. O modelo que permanece, sempre e de qualquer maneira, é o de Pedro Favre, que Francisco proclamou santo: um homem que fez do discernimento a trama intensa de seu ser e de seu agir no mundo[43].

É a espiritualidade inaciana que concilia o absoluto respeito da liberdade e da singularidade da pessoa com a obediência, compreendida como assentimento à fé. A Igreja está entre estas duas coisas. Trata-se de reconhecer em si e nos outros o dom espiritual e formar-se simultaneamente para a obediência filial. O modo espiritual do discernimento inaciano se baseia, pois, na obediência à Igreja, nomeadamente em um itinerário mistagógico, de formação e preparação pessoal, mediante os exercícios espirituais. Por mistagógico entende-se o aproximar-se do mistério pascal de Cristo ressuscitado, através da compreensão e da prática dos ritos litúrgicos e com o testemunho da própria fé na vida real e de todos os dias.

Em seus *Exercícios espirituais*, Santo Inácio de Loyola enuncia as regras do discernimento, que é a via para encontrar, no caos do real, a percepção certa do bem, para obter a força de segui-lo e, portanto, para chegar à "consolação espiritual" através de uma renovação profunda; ou seja, longe da presença de Deus nos sentimos desencorajados e desorientados. Estamos na consolação espiritual, ao contrário, quando vivemos próximos do Espírito Santo, que nos comunica as coisas de Deus. Não é difí-

43 SPADARO, A. Introduzione. In: BERGOGLIO, J.M. [Papa Francesco]. *Nel cuore di ogni padre* – Alle radici della mia spiritualità. Milão: Rizzoli, 2014, p. 6-23, cit. p. 9.

cil de individuar nessa impostação um elemento importante que imediatamente nos leva à concepção pastoral do papa Francisco, qual seja, o conceito de mudança na dificuldade. O discernimento espiritual é típico dos tempos de mudança, de crescimento, de passagem de uma situação existencial para outra. De vários modos o mundo de hoje vive precisamente essa realidade e, nesse sentido, Francisco, com sua abordagem comunicativa permeada de concretude, é um papa perfeitamente "sintonizado" com os nossos tempos, com a nossa sociedade líquida[44], em perene desenvolvimento e em busca de um novo equilíbrio. Em muitas ocasiões de discurso público, como o veremos detalhadamente, ele se concentra no conceito de mudança:

> Para vinhos novos, odres novos. A novidade do Evangelho. O que o Evangelho nos traz? Alegria e novidade. Esses doutores da lei eram fechados em seus mandamentos, em suas prescrições. São Paulo, falando deles, nos diz que antes da manifestação da fé – isto é, antes de Jesus – todos nós éramos amparados pela lei e prisioneiros dela. A lei dessas pessoas não era má; ela amparava, mas éramos prisioneiros enquanto aguardávamos a chegada da fé; daquela fé revelada em Jesus Cristo[45].

À obediência cega da lei, portanto, papa Francisco opõe o poder esclarecedor da novidade do Evangelho, a capacidade de lê-lo e interpretá-lo para adquirir o necessário discernimento que leva ao bem: uma autêntica hermenêutica do crer e do crescer na fé.

Lembremos a primeira regra dos exercícios espirituais escritos por Inácio de Loyola: "Quando a coisa vai de mal a pior, o mensa-

44 Cf. BAUMAN, Z. *Liquid Life*. Cambridge: Polity, 2005 [Trad. it.: *Vita liquida*. Roma/Bari: Laterza, 2006]. Cf. tb. BAUMAN, Z. *Futuro liquido* – Società, uomo, politica e filosofia. Milão: AlboVersorio, 2014. • BAUMAN, Z. & BORDONI, C. *State of Crisis*. Polity, Cambridge 2014 [Trad. it.: *Stato di crisi*. Turim: Einaudi, 2015].

45 FRANCESCO. Meditazione mattutina Domus Sanctae Marthae, 05/09/2014. In: *L'Osservatore Romano*, 06/09/2014.

geiro malvado geralmente te propõe prazeres aparentes fazendo-te imaginar prazeres e gozos, para que continues e cresças em tua escravidão. O mensageiro bom, ao contrário, adota o método oposto: ele te punge e te remorde a consciência, para fazer-te compreender o erro"[46]. Justamente nestas palavras é possível vislumbrar quantas afinidades se encontram no modo de comunicar do papa Francisco, sobretudo a capacidade de ler a realidade e de "pungir e remorder" as consciências para desencadear a renovação. Um tema com o qual ele também questiona a Igreja, se pensarmos, por exemplo, no discurso feito em julho de 2015, por ocasião da convocação do Movimento para a Renovação no Espírito na Praça de São Pedro: "O rio deve perder-se no oceano. Sim, se o rio não escorre, a água apodrece"[47], afirmou o papa, rio este que é constituído pelos movimentos da Igreja, cujo dever é o de ir ao encontro dos outros estabelecendo relações, abrindo-se ao mundo. Uma Igreja que "não acabar no oceano de Deus, no amor de Deus, trabalha para si mesma, e isso não é de Jesus Cristo, isso é do maligno, do pai da mentira. A renovação vai, vem de Deus e vai para Deus"[48].

Eis-nos totalmente imersos na visão cristológica e cristocêntrica que necessita, da parte de cada fiel, de um pedido contínuo ao Senhor da "graça da memória". Renovação não quer dizer, por outro lado, abandono ou esquecimento, mas desenvolvimento na continuidade: sempre devemos carregar conosco a memória do primeiro encontro com Cristo, que "muda a vida", em uma cotidianidade feita de partilha e encontro. Seria maravilhoso

---

46 IGNAZIO DI LOYOLA. *Esercizi spirituali,* regola 314 (cf., p. ex., a edição de San Paolo: Cinisello Balsamo, MI, 2014).

47 FRANCESCO. Discorso al Movimento del rinnovamento nello Spírito, 03/07/2015.

48 Ibid.

"tomar os Evangelhos" e reler as muitas histórias que neles existem para "ver como Jesus encontra as pessoas, como ele escolhe os apóstolos". E dar-nos conta, talvez, que algum encontro se "assemelha ao meu", porque "cada pessoa tem o seu próprio" encontro. Eis, portanto, as duas sugestões práticas e concretas, "que vos farão bem", oferecidas pelo papa. Em primeiro lugar, "rezar e pedir a graça da memória". Perguntando-nos: "Quando, Senhor, deu-se aquele encontro, aquele primeiro amor?" Para "não sentir aquela reprovação que o Senhor faz no Apocalipse: "tenho contra ti o fato de teres esquecido o primeiro amor". A segunda sugestão do papa é justamente a de "tomar o Evangelho e ver os inúmeros encontros de Jesus com tantas pessoas diferentes". Daqui resulta com clareza que "o Senhor quer nos encontrar, Ele quer ter uma relação conosco de tu para tu"[49].

Assim o papa Francisco lê a lição inaciana:

Sempre me impressionou uma máxima com a qual é descrita a visão de Inácio: *Non coerceri a maximo, sed contineri a minimo divinum est.* Muito refleti sobre esta frase num contexto de governo, na função de superior: não restringir-se ao espaço maior, mas estar em condições de estar no espaço mais restrito. Esta virtude do grande e do pequeno é a magnanimidade, que da posição na qual estamos nos faz olhar sempre o horizonte. É fazer as coisas pequenas de cada dia com um coração grande e aberto a Deus

49 FRANCESCO. Meditazione mattutina Domus Sanctae Marthae, 24/04/2015. In: *L'Osservatore Romano*, 25/04/2015. A "graça da memória" já foi invocada pelo papa Bergoglio na meditação matutina de 7 de outubro de 2014. Também naquela ocasião o pontífice convidou a não esquecer a própria história de eleição, com o exemplo de São Paulo. E comentou: "Esta atitude de *fazer memória* da nossa vida não é muito comum entre nós. Esquecemos as coisas, vivemos o momento, e em seguida esquecemos a história. E cada um de nós tem uma história: uma história de graça, uma história de pecado, uma história de caminho, tantas coisas... E faz bem rezar com a nossa história. [...] Fazer memória da nossa opção, aquela que Deus fez sobre nós. Fazer memória do nosso caminho de aliança. Essa aliança foi respeitada, ou não? E não: somos pecadores e fazemos memória, e fazer memória da promessa que Deus faz e nunca decepciona, que é a nossa esperança. Esta é a verdadeira oração" (Se si perde la memoria. In: *L'Osservatore Romano*, 08/10/2014).

> e aos outros. É valorizar as coisas pequenas no interior de grandes horizontes, os do Reino de Deus[50].

Trata-se de um processo aparentemente cotidiano, mas de fato nada simples, tampouco não óbvio, mas fruto de um processo de aprendizagem do contexto, este modo com o qual o papa Francisco utiliza escolhas mínimas da vida diária e tantas outras chaves da sua estratégia comunicativa:

> Esse discernimento requer tempo. Muitos pensam, por exemplo, que as mudanças e as reformas podem acontecer num curto espaço de tempo. Eu creio que sempre necessitamos de tempo para percorrer as bases de uma mudança verdadeira, eficaz. E este é o tempo do discernimento. E às vezes, ao contrário, o discernimento incita a fazer imediatamente aquilo que, contrariamente, inicialmente se pensa fazer depois. É o que me aconteceu nestes [primeiros] meses [de pontificado]. O discernimento sempre se realiza na presença do Senhor, olhando os sinais, ouvindo as coisas que acontecem, sentindo as pessoas, especialmente os pobres. As minhas escolhas, também as ligadas à normalidade da vida, como o fazer uso de um carro modesto, estão ligadas a um discernimento espiritual que responde a uma exigência que nasce das coisas, das pessoas, da leitura dos sinais dos tempos. O discernimento no Senhor orienta o meu modo do governar[51].

O ensinamento de Santo Inácio é um dos pilares da vida do papa Bergoglio, assim como o é a doutrina de São Francisco: ambos compartilham da estreita conexão entre renovação do espírito e coerência da ação mundana, e implicam uma dimensão de intercâmbio, dialógica e, para dizê-lo com o linguista Wilhelm von Humboldt: "todo falar se baseia no intercâmbio dialógico"[52].

---

50 Intervista a papa Francesco di Antonio Spadaro. In: *La Civiltà Cattolica*, 3.918, 19/09/2013, p. 449-477, cit., p. 453.

51 Ibid., p. 454.

52 VON HUMBOLDT, W. *Scritti sul linguaggio 1795-1827.* Nápoles: Guida, 1989, p. 200.

Mas essa abertura total ao próximo, com sua base de confiança e transparência requerida, não está isenta de riscos nem de contradições. Dentre outras, a tentação da fofoca[53].

A ecologia comunicativa do papa Francisco

Qualquer mensagem, na passagem do emissor ao receptor, fica exposta a alguma forma de interferência. Das primeiras teorias da comunicação[54] à elaboração do paradigma informacional proposta pelo pai da linguística Roman Jakobson[55], até o modelo mais relacional proposto por Umberto Eco[56], foi se definindo aos poucos a importância do momento da descodificação, da interpretação da mensagem, que pode ser colocada em discussão, ou em crise, por formas de interferência relativas a inúmeros fatores, nomeadamente pela forma de comunicação ou pelos códigos interpretativos[57].

Não é difícil perceber como este último aspecto pode ser crucial em uma mensagem de alcance planetário, como a de um

---

53 Cf. VIGANÒ, D.E. *Il brusio del pettegolo* – Forme del discredito nella società e nella Chiesa. Bolonha: Dehoniane-EDB, 2016. • VIGANÒ, D.E. La Chiesa e le pratiche di comunicazione virale – Scenari e processi. In: *Vivens Homo*, XXVI, jan.-jun./2015, p. 7-26.

54 Cf. o conceito de resíduo comunicativo em SHANNON, C.E. A Mathematical Theory of Communication. In: *Bell System Technical Journal*, 27, 1948, p. 379-423, 623-656.

55 Cf. JAKOBSON, R. *Essais de linguistique générale*. Paris: De Minuit, 1963 [Trad. it.: *Saggi di linguistica generale*. Milão: Feltrinelli, 2002, 1966].

56 Cf. ECO, U. *Opera aperta* – Forma e indeterminazione nelle poetiche contemporanee. Milão: Bompiani, 2000 [1. ed., 1962]. • ECO, U. *Trattato di semiotica generale*. Milão: Pompiani, 1975. • ECO, U. *Lector in fabula* – La cooperazione interpretativa nei testi narrativi. Milão: Pompiani, 2000 [1. ed., 1979].

57 O tema mereceria um tratamento muito mais detalhado do que o apresentado aqui. Mas basta lembrar o quanto o desenvolvimento dos *Cultural* e *Media Studies* contribuíram, a partir do ponto culminante dos anos de 1980 e de 1990, para os aprofundamentos significativos em termos de *Reception Theory*. Para citar apenas dois estudos em questão, cf. HOLUB, R. (org.). *Teorie della ricezione*. Turim: Einaudi, 1989. • WOLF, M. *Gli effetti sociali dei media*. Milão: Bompiani, 1992.

pontífice: os códigos usados para interpretá-la, variando amplamente segundo o contexto social, podem ser muito diferentes daqueles com os quais ela foi emitida. Mesmo em uma situação de igualdade de contexto, os códigos ideológicos podem levar à corrupção de uma mensagem programaticamente simples como a do papa Francisco. O empenho em manter a própria comunicação bem radicada na verdade e na realidade dos fatos e das relações, com modalidades que veremos nos próximos capítulos, é firme, mas a mesma transparência que impõe como regra expõe à criação de uma mensagem paralela que, a exemplo de uma célula cancerígena, se modifica e se multiplica nutrindo-se de segredos, maledicências e fofocas. Recordemos uma célebre anedota na qual Sócrates se dirige a um amigo que está para transmitir-lhe em grande segredo uma notícia a respeito de outra pessoa, com a seguinte pergunta: "Submeteste tua intenção aos três filtros?" O amigo pede explicações, e o filósofo diz: "Primeira coisa: Tens certeza de que a coisa que estás para dizer-me é verdadeira? Segunda coisa: Tens certeza de que estás para dizer-me uma coisa boa? Terceira coisa: Tens certeza de que seja realmente útil que eu o saiba?" O amigo calou-se.

Santo Inácio é muito claro ao definir a zona cinzenta do segredo e da intriga como uma das principais áreas onde "o inimigo" trabalha com sucesso para desviar a alma na busca do bem:

> O inimigo se comporta como um falso amante que quer permanecer escondido; de fato, como o falso amante deseja que suas palavras e seus projetos permaneçam secretos, ao passo que, contrariamente, muito lhe desagrada que eles venham à luz, assim ele age. Quando o inimigo da natureza humana desempenha a sua sugestão e sugere as duas mentiras a uma alma reta, quando ele quer e deseja que sejam ouvidas e mantidas em segredo, ao passo que muito

lhe desagrada se sua sugestão é descoberta por seu confessor ou por outra pessoa espiritual[58].

Inimigo tanto do segredo maliciosamente escondido quanto da fofoca maliciosamente divulgada é também o papa Francisco, que em inúmeras circunstâncias caracterizadas de forte ambiguidade escolheu a via da máxima clareza e rapidez, não por acaso tornando-se conhecido também como o "papa das telefonadas". Um modo para reiterar a simplicidade e a coloquialidade que informam a sua ação comunicativa, mas também de reduzir ao mínimo a interferência, privilegiando uma forma de intercâmbio mais diretamente possível.

Mais de uma vez ele interveio sobre esses temas sublinhando como a língua, o falatório, a fofoca são armas que todos os dias minam a comunidade humana, semeando inveja, ciúmes e ambição pelo poder. Recebendo os peregrinos de El Salvador, papa Francisco cita o caso de monsenhor Oscar Romero, morto em 1980 porque denunciava as violências do regime militar:

> O martírio de monsenhor Romero não teve lugar unicamente no momento da sua morte; tratou-se de um martírio-testemunho, de um sofrimento anterior, de uma perseguição precedente, até à sua morte. Mas também posterior porque, depois de morto – eu era um jovem sacerdote e disto fui testemunha – ele foi difamado, caluniado, desonrado, isto é, o seu martírio continuou até por parte de seus próprios irmãos no sacerdócio e no episcopado. Não são coisas que me contaram, eu as ouvi pessoalmente. Ou seja, é belo também vê-lo assim: como um homem que continua a ser mártir. Pois bem, acho que hoje quase ninguém se atreve a fazê-lo. Depois de ter oferecido a própria vida, ele continuou a oferecê-la, deixando-se açoitar por todas aquelas incompreensões e calúnias. Só Deus sabe como isto me fortalece! Só

58 IGNAZIO DI LOYOLA. *Esercizi spiritual*, regola 326.

> Deus conhece a história das pessoas, e quantas vezes pessoas que já entregaram a própria vida, ou que já morreram, continuam a ser lapidadas com a pedra mais dura que existe no mundo: a língua[59].

O falatório e as fofocas foram armas letais que fizeram com que o arcebispo se tornasse um padre incômodo. E ele o foi até o fim, até aquele 24 de março de 1980, quando uma rajada homicida alvejou Romero no momento em que elevava o cálice consagrado. Mas Romero incomodava a quem? Obviamente, não os pobres e os marginalizados, não; obviamente, os que, naquele país martirizado, esperavam que a cruz fosse sinal de esperança, certeza de nova e maior dignidade humana. O próprio Evangelho, quando pregado com coragem até a efusão do sangue, só pode ser incômodo a determinados círculos de pessoas, a uma mentalidade que sempre gostaria de ver o meio-termo. Muitas vezes ameaçado por sua posição contra o regime, que lhe aconselhava prudência e inclusive uma escolta, respondia: "Tenho comigo a minha cruz peitoral, nada tenho a temer". E sua cruz era de prata, a de ouro ele a havia dado em pagamento às despesas do tribunal em favor de um jovem perseguido. Não são poucas, portanto, as afinidades – por estilo comunicativo ou pastoral – com o papa Francisco.

Em uma homilia feita durante a missa matutina em Santa Marta, tomando como ponto de partida uma história da vida de Jesus de Nazaré tirada do Evangelho de Lucas, Bergoglio conta "como se pode ver a nossa alma" e como o vento pode fazê-la andar de um lado para o outro. Em Nazaré, explicou o papa,

> todos esperavam Jesus. Queriam encontrá-lo. E Ele foi encontrar sua gente. Pela primeira vez Ele

59 FRANCESCO. Discorso al pellegrinaggio da El Salvador, 30/10/2015.

> retornava ao seu povoado. E eles o esperavam porque tinham ouvido tudo o que Jesus havia feito em Cafarnaum, os milagres. E quando começa a cerimônia, como de costume, pedem ao hóspede para ler o livro. Jesus lê o livro do profeta Isaías, que era um pouco a profecia sobre Ele, e por isso conclui a leitura dizendo: "Hoje se cumpriu a escritura que acabais de ouvir"[60].

O papa conta que a primeira motivação dos que o escutavam foi belíssima: apreciaram aquelas palavras, fazendo-as suas. Entretanto, lentamente, afirma ainda Francisco, o caruncho da inveja começou a insinuar-se no ânimo de alguns, que diziam: "Mas onde estudou este homem? Não é ele o filho de José? E nós conhecemos toda a sua parentela. Mas em que universidade ele estudou?" As pessoas acorreram então a Jesus, colocando-o à prova. Disse ainda o papa Francisco: "Elas queriam o espetáculo: 'Faça um milagre, e todos nós acreditaremos'. Mas Jesus não é um artista"[61]. E, enfim, eis o epílogo do caso:

> "Ficaram com tanta raiva, se levantaram e foram comprimindo Jesus até a beira de um penhasco, a fim de jogá-lo para baixo e matá-lo". O que se iniciara de uma forma tão alegre ameaçava concluir-se com um crime, com a morte de Jesus "por puro ciúme, por pura inveja". Mas não se trata apenas de um evento de dois mil anos atrás, evidenciou o bispo de Roma. "Isto acontece hoje em dia – replicou –, em nosso coração, em nossas comunidades, cada vez que se acolhe alguém falando bem dele no primeiro dia e depois o entusiasmo diminui até chegar a fofoca, meio que "escorchando-o"[62].

---

60 FRANCESCO. Meditazione mattutina Domus Sanctae Marthae, 02/09/2013. In: *L'Osservatore Romano*, 02-03/09/2013.

61 Ibid.

62 Ibid.

Esse inesgotável pedido de transparência e de imediatez poderia caracterizar-se em certo sentido como anacrônico. De fato, não há dúvida de que o ambiente simbólico no qual se move a nossa época é fortemente caracterizado por uma sistemática violação das regras da comunicação correta e transparente. Algumas formas culturais que definem a sociedade pós-moderna, no fim das contas, são baseadas exatamente na interpretação distorcida, na *mise en abîme*, na troca de papéis, na deturpação[63]. Em particular, a fofoca torna-se funcional porque nos ajuda a definir ou a reforçar o nosso papel e a nossa identidade: "Partindo de uma notícia não verificada (às vezes efetivamente introduzida deliberadamente no circuito informativo), cada sujeito (que se presta a recebê-la e a transmiti-la) a utiliza como elemento ou material para construir ou redefinir uma relação específica com os outros"[64].

A contradição entre as práticas comunicativas pós-modernas e o ensinamento da Igreja é totalmente evidente. Revelar um fato verdadeiro divulgando-o com acréscimos, mais ou menos de boa-fé, que afastam da verdade, corresponde a usar "lábios mentirosos" que acionam a maledicência, ao passo que a Palavra de Deus requer que nos desembaracemos de "toda malícia, falsi-

---

63 Em algum caso, é o mesmo modelo semiótico de referência a determinar esta ambiguidade constitutiva. Ele é evidenciado, p. ex., no curto-circuito implícito no conceito de *semiose ilimitada*, pelo qual o significado "é, em sua acepção primária, a tradução de um sinal num outro sistema de sinais", de modo que "o significado de um sinal é o sinal no qual deve ser traduzido", num dinamismo infinito e recursivo de reenvios (PEIRCE, C.S. *Collected Papers*. Vol. 4. Cambridge: Belknap, 1931-1966, p. 127-132 [Org. de C. Hartshorne, P. Weiss e A.W. Burks; trad. do autor]. Cf. tb. a rigorosa conclusão de U. Eco in *The Role of the Reader:* Explorations in the Semiotics of Texts. Bloomington: Indiana University Press, 1995, p. 198 [Trad. do autor: "Esta circularidade é a condição normal da significação e permite inclusive aos processos comunicativos usar sinais para mencionar coisas e estados do mundo"].

64 VOLLI, U. Piacere e forme della maldicenza. In: LIVOLSI, M. & VOLLI, U. (orgs.). *Rumor e pettegolezzi* – L'importanza della comunicazione informale. Milão: FrancoAngeli, 2005, p. 27-38, cit. p. 34.

dade e hipocrisia, de toda inveja e maledicência" (1Pd 2,1). Essa posição límpida não é obviamente tão fácil de ser mantida na sociedade contemporânea, na qual existem verdades perigosas, mentiras para o bem, exigências que podem requerer um silêncio que faz fronteira com a mistificação. Um mundo, em suma, no qual a ação política deve conciliar-se com a ação espiritual e no qual também um "ouvir dizer" pode ser um modo de administrar ou de resolver uma crise.

Esta sua natureza funcional, e não certamente a perversidade humana, é o motivo pelo qual a fofoca tem tanto sucesso na sociedade contemporânea, com uma verdadeira e singular explosão em plataformas informáticas que aparecem conaturais a elas, como, por exemplo, as *mídias sociais*. A fofoca é "uma modalidade socialmente estruturada de produção e de transmissão de sentido [...] um tipo de discurso cuja premissa necessária é a de ser socialmente distribuído, retiforme, necessitado de colaboração coletiva e, portanto, de interesse difuso para funcionar"[65].

Em suma, trata-se de uma forma de comunicação verdadeira e específica que depende da colaboração efetiva entre uma fofoca (ou mais de uma) e um ambiente circunstante, não somente receptivo, mas acima de tudo reprodutivo e capaz de difusão. Em outras palavras, ela não teria eficácia alguma se todos não estivéssemos um pouco implicados. O perfil antropológico da fofoca tem os traços do poderoso ou do desejo de potência da própria comunidade, do legislador ou do juiz. A fofoca se erige em guardiã dos valores e da integridade da própria comunidade, e o sucesso em tal empresa é fonte máxima do seu prazer. A fofoca não poupa ninguém, e é conatural ao exercício do poder.

65 Ibid., p. 28.

E eis exatamente onde a luta contra a fofoca engajada pelo papa Francisco, de anacrônica que parecia, se revela atualíssima. A um pontífice tão evidentemente convencido de que à forma corresponde sempre uma substância não lhe passa despercebido que as perversões da comunicação são o espelho das perversões do poder. Todo falar é também um fazer, sustentava John L. Austin[66], e o *flatus vocis* não somente não pode mais ser nem vazio de significado nem inócuo, mas pode chegar a caracterizar-se como autêntica violência. "As palavras são os nossos instrumentos e, no mínimo, devemos usar instrumentos limpos: devemos saber que coisa significam e que coisa não significam, e nos precaver contra as armadilhas que a linguagem nos prepara"[67].

Armadilhas das quais o papa Francisco fez experiência direta em inúmeras ocasiões, terminando como alvo de maledicências e fofocas veiculadas em ambientes tanto internos quanto externos à Igreja. Por isso, a nítida verdade da qual ele se faz escudo está muito longe de ser um utópico pedido de pureza direcionada a um contexto que há tempo perdeu essa pureza. Ao contrário, é uma solicitação performativa: papa Francisco reage a quem direcionar (ou tenta direcionar) para os próprios fins a linguagem na forma violenta da fofoca, fazendo algo com as palavras ou, mais precisamente, lançando os holofotes sobre si com as palavras.

Podemos lembrar a ocasião em que se veiculou que o bispo de Carpi, monsenhor Francesco Cavina, tinha lamentado a excessiva presença midiática do pontífice em detrimento das

---

66 AUSTIN, J.L. *How to Do Things with Words:* The William James Lectures Delivered at Harvard University in 1955. Oxford: Clarendon, 1962 [Trad. it.: *Come fare cose con le parole* – Le William James lectures tenute alla Harvard University nel 1955. Gênova: Marietti, 1987].

67 AUSTIN, J.L. *Philosophical Papers*. Oxford: Clarendon, 1961 [Trad. it.: *Saggi filosofici*. Milão: Guerini e Associati, 1993, p. 175].

igrejas locais e dos muitos pastores que desenvolvem sua obra longe da ribalta. O papa não perguntou nem como nem por que; simplesmente telefonou ao monsenhor Cavina, "em sinal de renovada estima, confiança e afeto em seus confrontos". E o fez saber que uma vez divulgada, a notícia acaba por fazer nascer e difundir a maledicência. Uma abordagem espontânea, dialógica, clara, que objetiva colocar um basta a qualquer instrumentalização. Foi o próprio pontífice que convidou monsenhor Cavina a tornar público o telefonema, como declarou a diocese de Carpi em um comunicado, "para que venha condenada de maneira claríssima a fofoca. Monsenhor Francesco Cavina expressa gratidão ao papa pela proximidade e pelo encorajamento recebido no prosseguimento de seu ministério".

Um episódio decisivamente grave foi sem dúvida a mais dolorosa e pessoal das maledicências: aquela que em outubro de 2015, em plenos trabalhos do sínodo, acabou colocando-o nas primeiras páginas de todos os jornais como portador de uma suposta grave doença. Também a esse último "assalto" ele reagiu desmentindo no órgão oficial da Santa Sé, *L'Osservatore Romano*, no dia 21 de outubro: "O momento escolhido revela a tentativa manipuladora da nuvem de poeira levantada"[68]. A este comentário juntou-se depois a voz do padre Federico Lombardi, porta-voz do Vaticano, que simultaneamente declarou: "Já desmenti e o confirmo totalmente após verificações feitas com fontes pertinentes, inclusive o Santo Padre. Nenhum médico japonês veio ao Vaticano, não houve os exames indicados no artigo, nem voos de helicópteros. Posso garantir que o papa goza de boa saúde, no máximo sofre de algum problema nas pernas".

---

68 False notizie. In: *Osservatore Romano*, 21/10/2015.

Por outro lado, a fofoca e a deturpação das informações, para não falar da mania de buscar causas ocultas, são uma constante na história da Igreja, desde suas origens. Papa Francisco o sabe muito bem: "Nós estamos acostumados aos falatórios, às fofocas. Mas quantas vezes as nossas comunidades, a nossa família, são um inferno no qual se administra esta criminalidade de matar o irmão e a irmã com a língua!"[69] Não são palavras brandas. São palavras que reconfirmam, mais uma vez, uma concepção comunicativa – e, *in lato senso*, social – em que a verdade corresponde à responsabilidade.

Francisco não se eximiu de denunciar pessoalmente, em tons de forte censura, as distorções da instituição eclesiástica, trovejando, por exemplo, contra a "Igreja mercantilista" ou sublinhando, em uma entrevista concedida no dia 27 de outubro de 2015 ao jornal holandês *Straatnieuws* que, "se um fiel fala da pobreza ou dos sem-teto e leva uma vida de faraó, comete um ato falho"[70]. Não se trata, no entanto, de causar escândalo ou de "frequentar os noticiários", mas do contrário, ou seja, da busca de uma clareza e de uma nitidez numa conjugação de ensinamentos e comportamentos que possa fazer cessar, enfim, os escândalos e enfraquecê-los com a força da palavra sincera. Palavra que, a montante de cada comunicação mundana, é sempre e acima de tudo a evangélica.

Numa de suas homilias – síntese cotidiana da relação entre realidade e Evangelho – encontramos outra reapresentação dessa mensagem, que esconde em si o coração pulsante do cristianis-

---

69 FRANCESCO. Meditazione mattutina Domus Sanctae Marthae, 02/09/2013.

70 Onze vriend in Rome. In: *Straatnieuws*, 16, 06-26/11/2015, traduzida pela Radio Vaticana [Disponível em http://it.radiovaticana.va/news/2015/II/06/intrervista_a_papa_a_giornale_olandese_distrada_straatnieuws/1184739].

mo entendido pelo papa Francisco, sintetizável na expressão "menos telenovela e mais Evangelho":

> Como eu faço a contemplação com o Evangelho de hoje? Vejo que Jesus estava no meio da multidão, havia uma multidão ao seu redor. Cinco vezes esse trecho repete a palavra "multidão". Será que Jesus não descansava? Posso imaginar: sempre com a multidão! Jesus passa a maior parte de sua vida na estrada, com a multidão. Mas Ele não descansava? Sim, uma vez: o Evangelho diz que Ele dormia na barca, mas veio a tempestade e os discípulos o acordaram. Jesus estava continuamente no meio das pessoas. E se eu olho Jesus assim, o contemplo assim, o imagino assim. E digo a Jesus aquilo que pretendo dizer-lhe [...]. Com isso fazemos crescer a esperança, já que mantemos fixo em Jesus o nosso olhar. Fazei esta oração de contemplação! Alguém poderia dizer: "Mas sou tão ocupado!" Não importa! Quando estás em tua casa, quinze minutos, toma o Evangelho, um pequeno trecho, imagina o que aconteceu e fale com Jesus sobre isto. Assim, teu olhar se fixará em Jesus, e não tanto na telenovela, por exemplo. Tua audição se fixará nas palavras de Jesus, e não tanto nos falatórios do vizinho, da vizinha[71].

O que Francisco condena, em suma, é todo o falatório e o tempo perdido com essas questões que desviam dos valores essenciais; por isso ele convida a ler o Evangelho diariamente, para dialogar constantemente com o Senhor. Sem ouvir a Deus talvez possamos "ter otimismo, ser positivos", mas a esperança "a aprendemos olhando para Jesus"[72].

A abordagem de Francisco é pragmática, fundada no conhecimento dos mecanismos da comunicação, que não pode ser bloqueada, mas somente "re-saneada" a partir de uma verdade maior.

---

71 FRANCESCO. Meditazione mattutina Domus Sanctae Marthae, 03/02/2015. In: *L'Osservatore Romano*, 04/02/2015.

72 Ibid.

Para o pontífice não existem estrangeiros. Existem estrangeiros cada vez que criamos fronteiras; mas estas, quando transponíveis, se revelam funcionais à manutenção de diversidades positivas. De fato, a autêntica unidade pressupõe a existência da pluralidade. "Estar nas fronteiras" tornando possível sua transitabilidade, e a comunicação entre as pessoas, sem perder a riqueza das diversidades, é um dos sinais distintivos do modo de comunicar do pontífice. A lógica da relacionalidade é constitutiva de seu método de abordagem. Na perspectiva do pluralismo e da tolerância as visões individuais do mundo, ao invés de se excluírem, se integram, graças ao fato de assumirem por própria conta como referência ideal o princípio do respeito à dignidade da pessoa.

Francisco sabe perfeitamente que, quanto mais as pessoas dispõem da possibilidade de conversar entre si, de conhecer-se e de compreender-se, tanto mais elas podem estar disponíveis àquela mútua compreensão que leva à solidariedade e, portanto, à justiça e à paz. E a paz invocada pelo papa é muito mais do que uma simples "não beligerância". Os pilares sobre os quais se funda a paz, e dos quais o pontífice fala, explicitam com clareza o que se deve entender por paz, em quais valores ela se inspira, e de quais valores ela se nutre: justiça e misericórdia. Impossível haver paz autêntica prescindindo destes pressupostos.

Portanto, o fato de que na comunicação de Francisco cada palavra também se faça cotidianamente gesto e coerência está estreitamente ligado ao seu modo de entender a própria ação pastoral, uma ação de renovação no espírito de Santo Inácio e de retorno à autenticidade no espírito de São Francisco. Nos próximos capítulos veremos detalhadamente algumas declarações de seu "estilo comunicativo" e seus significados.

2
Linguagem e comunicação

Sabes qual era o título que usavam os papas, e que se deve usar? "Servo dos servos de Deus." É um pouco diferente de estrela! As estrelas são bonitas quando as olhamos; eu gosto de olhar para elas, quando o céu está sereno no verão... Mas o papa deve ser – deve ser! – o servo dos servos de Deus. Sim, nas mídias, usa-se isso; mas há outra verdade: quantas star *vimos nós, que depois se apagam e caem... É uma coisa passageira. Pelo contrário, ser servo dos servos de Deus, isto é belo! Não passa*[1].

A linguagem é forma e tempo

Voltar às raízes de uma história não quer dizer somente querer olhar para traz, reconstruir uma cronologia; significa também e sobretudo dar uma forma narrativa a uma existência, colher a essência do tempo humano em seu desenvolvimento mediante a narrativa. Como o sustenta o filósofo Paul Ricoeur, de fato, "o tempo se torna tempo humano à medida que é arti-

1 FRANCESCO. Conferenza stampa durante il volo di ritorno dal viaggio negli Stati Uniti, 27/09/2015.

culado em modo narrativo; ao contrário, a narrativa é significativa à medida que desenha os traços da experiência temporal"[2].

Para Ricoeur, é exatamente graças à narrativa, isto é, ao tempo *configurado* da narração, que acontece a passagem do tempo *prefigurado* do mundo ao tempo *representado* da mente, e exatamente por esse motivo, tanto a narrativa de ficção quanto a narrativa histórica são modos narrativos baseados na exigência de verdade e nas duas operações de derivação aristotélica: *mimesis* (a imitação ou a representação de ações) e *mythos* (o discurso, a narrativa, a construção da intriga). Entretanto, enquanto Aristóteles, em sua *Poética*, não se colocava o problema da temporalidade, para Ricoeur, *mythos* e *mimesis* são inseparáveis do tempo e intrincados entre si: a narrativa não é uma cópia exata da realidade, mas tende a imitá-la; ao mesmo tempo a *mimesis*, a imitação, só é possível através da narração.

Nesse sentido, falando de "mediação entre tempo e narrativa", Ricoeur sublinha "a função que a construção da intriga desenvolve no processo mimético"[3] e conclui que "compor a intriga já quer dizer fazer nascer o inteligível do acidental, o universal do particular, o necessário e o verossímil do episódico"[4].

A esse trabalho de composição e configuração subjaz uma categoria, a "ordem", magistralmente interrogada por outro filósofo, Michel Foucault, em sua obra *As palavras e as coisas*: "Em cada cultura existe, pois, entre o emprego dos que poderíamos denominar os códigos ordinários e as reflexões sobre a ordem, a

---

2 RICOEUR, P. *Temps et récit* – L'intrigue et le récit historique. Tome I. Paris: Seuil, 1983 [Trad. it.: *Tempo e racconto*. Vol. I. Milão: Jaca Book, 1983, p. 15].

3 Ibid. Trad. it., p. 93.

4 Ibid., p. 73.

experiência nua da ordem e de seus modos de ser"[5]. Falar significa, antes de mais nada, dar ordem ao discurso. Em segundo lugar, através da criação de formas estruturadas de representação da realidade, a narração dá forma ao mundo e dá significado à nossa presença no interior do próprio mundo. Assim, constituindo-se (e constituindo-nos) em narração, as palavras se tornam coisas e satisfazem uma necessidade. Não falamos da necessidade primária ligada à comunicação como multiplicadora de possibilidade de sobrevivência, alimentação, defesa e participação em um grupo social – portanto, de reprodução e proteção; mas da narração como instrumento de criação dos códigos e da memória compartilhados. Nesse sentido, como vimos no capítulo precedente, sua forma primigênia e ainda predominante é a da oralidade, muito embora o discurso hoje ocupe espaços enormes:

> Onde quer que existam seres humanos, estes têm uma linguagem, e sempre se trata de uma língua falada e ouvida, ou seja, que existe no mundo do som [...]. A linguagem tem um caráter tão profundamente oral, que de todas as várias milhares de línguas – talvez dezenas de milhares – que foram faladas no curso da história humana, somente cerca de 106 foram confiadas à escrita de modo adequado a produzir literatura, e a maior parte destas nunca foram escritas[6].

O *logos*, por outro lado, na tradição ocidental, é a fonte do sentido e a própria centelha da vida. A palavra é eterna e não se limita a definir, mas permite a existência. Como escreveu Ernst Cassirer, "a riqueza do *logos* que dá forma ao universo se espelha

5 FOUCAULT, M. *Les mots et les choses* – Une archéologie des sciences humaines. Paris: Gallimard, 1966 [Trad. it.: *Le parole e le cose* – Un'archeologia delle scienze umane. Milão: Rizzoli, 1967, p. 11].

6 ONG, J.W. *Orality and Literacy:* The Technologizing of the Word. Londres/Nova York: Methuen, 1982 [Trad. it.: *Oralità e scrittura* – Le tecnologie della parola. Bolonha: Il Mulino, 2007, 1986, p. 25].

somente na palavra que, por assim dizer, torna sempre a romper os primeiros limites"[7]. Eis por que o discurso falado é a primeira grande categoria da comunicação do papa Francisco: porque é discurso *dialógico* que implica e torna possível a mudança.

O papa confia à escrita mensagens fundamentais (como no caso das encíclicas ou das exortações apostólicas), mas quando se encontra diante de uma comunidade de fiéis vindos para encontrá-lo ele não gosta de ler os textos que preparou; quase sempre o vimos colocar de lado os papéis e falar de modo improvisado. Dentre os tantos episódios podemos recordar o encontro com os jovens em Turim, em 2015:

> Esqueci de vos dizer que agora entregarei o discurso escrito. Eu conhecia as vossas perguntas, e escrevi alguma coisa sobre elas; mas não é o que disse, isto veio-me do coração; e entrego ao encarregado o discurso, e tu dá-lo-ás a conhecer [entrega as folhas ao sacerdote encarregado da pastoral juvenil]. Muitos de vós sois universitários, mas não penseis que na universidade é apenas estudar com o cérebro: ser universitário significa também sair, sair em serviço, aos pobres, sobretudo! Obrigado[8].

Tanto nos encontros como nas homilias uma das modalidades narrativas que Bergoglio utiliza é exatamente a do apólogo, da narrativa na narrativa, da parábola ou da anedota, tomada tanto dos textos sagrados quanto da vida real. Uma narrativa que ele estende à escuta com naturalidade não mediada, coloquial, inserindo-a no desenvolvimento narrativo, tornando-a protagonista.

---

7 CASSIRER, E. *Philosophie der symbolischen Formen* – Vol. I: Die Sprache. Berlim: B. Cassirer, 1923 [Trad. it.: *Filosofia delle forme simboliche* – Vol. I: Il linguaggio. Milão: Sansoni, 2004, p. 69].

8 FRANCESCO. Visita pastorale a Torino, incontro con i ragazzi e i giovani, 21/06/2015.

Nesse sentido, um ótimo exemplo nos é oferecido da meditação matutina na casa Santa Marta do dia 2 de setembro de 2013, que já vimos a propósito da fofoca; o exemplo através do qual Bergoglio narra a volta de Jesus a Nazaré, da forma como é transmitido pelo Evangelho de Lucas. Reinterpretando também em sentido dramatúrgico o texto do evangelista, papa Francisco restitui a cena ao seu auditório mediante observações dos invejosos misturados à multidão: "Mas onde estudou este homem? Ele não é o filho de José? E nós conhecemos a sua parentela. Mas, em que universidade estudou?" E ainda: "Faça um milagre e todos nós acreditaremos em ti"[9].

Uma modalidade similar de construção do discurso também é aplicada às anedotas retiradas da vida cotidiana, como aquela com a qual o papa aborda o tema dos anciãos:

> Conta-se que numa família o avô vivia com o filho, a nora e os netinhos. Mas envelhecendo, tinha sofrido um pequeno derrame cerebral, e quando estava à mesa e comia sujava-se um pouco. O pai envergonhava-se de seu pai e dizia: "Não podemos convidar pessoas...". E decidiu fazer uma mesinha, pô-la na cozinha, para que o avô comesse sozinho ali. E assim fez. Alguns dias depois, o pai chegou em casa depois do trabalho e encontrou seu filho de 6-7 anos brincando com uns pedaços de madeira, martelo e pregos... "O que estás fazendo, menino?" "Estou construindo uma mesinha..." "E por quê?" "Porque quando fores velho, podes comer sozinho como o avô!" Não vos envergonheis dos avós. Não vos envergonheis dos idosos[10].

9 FRANCESCO. Meditazione mattutina Domus Sanctae Marthae, 02/09/2013. In: *L'Osservatore Romano*, 02-03/09/2013.

10 FRANCESCO. Discorso per l'apertura del Convegno ecclesiale della diocesi di Roma, 14/06/2015.

A vontade de Bergoglio de tornar protagonista seu interlocutor emerge de forma rompente enfim numa passagem do discurso feito em uma das etapas de sua viagem à Bolívia em julho de 2015:

> Que posso fazer eu, recolhedor de papelão, catador de lixo, limpador, reciclador, frente a tantos problemas, se mal ganho para comer? Que posso fazer eu, artesão, vendedor ambulante, carregador, trabalhador irregular, se não tenho sequer direitos trabalhistas? Que posso fazer eu, camponesa, indígena, pescadora, que dificilmente consigo resistir à propagação das grandes corporações? Que posso fazer eu a partir de minha comunidade, de meu barraco, de meu povoado, de minha favela, quando sou diariamente discriminado e marginalizado? Que pode fazer aquele estudante, aquele jovem, aquele militante e aquele missionário que atravessam as favelas e os paradeiros com o coração cheio de sonhos, mas quase sem nenhuma solução para os seus problemas? Podeis fazer muito. Podeis fazer muito! Vós, os mais humilhados, os explorados, os pobres e excluídos podeis e fazeis muito[11].

Entrelaçando a narração evangélica no estilo do colóquio informal, quase amigável, papa Francisco não somente se mostra perfeito *storyteller,* mas anula a distância entre vida e representação; torna reais tanto os temas quanto os protagonistas de suas narrações; aproxima os interlocutores ao seu mundo simbólico, não importando sua proveniência ou sua posição social. E exatamente por essa razão chega ao coração de todos; ele é capaz de rasgar o véu da distância entre as pessoas, fiéis ou não, e de colocar-se no limiar, em diálogo. Para colher esse aspecto inclusivo basta pensar no mais clássico dos encontros com os peregrinos: o *Angelus*. Cada domingo, de fato, papa Francisco se despede

11 FRANCESCO. Discorso al II Incontro mondiale dei movimenti popolari (Centro fieristico Expo Feria, Santa Cruz de la Sierra, Bolívia), 09/07/2015.

sempre desejando "bom apetite", "bom almoço" ou "bom domingo", mas, na interação com a multidão, muitas vezes ele chega a simular uma troca de brincadeiras. Sempre com o tom de quem se propõe à conversação, sem impô-la nem instrumentalizá-la.

A figura do papa Francisco emerge num panorama caracterizado pela palavra gritada, não matizada, e hoje fortemente condicionada pelas *digital media*, ambientes nos quais a comunicação é frenética, fácil, imediata, mas ao mesmo tempo psicologicamente complexa:

> Em nossa cultura os homens estão submersos por uma torrente de informações e ruídos; uma cultura desprovida de silêncio, tanto que o homem se tornou, para dizê-lo com Max Picard, um mero "apêndice do ruído". Em última análise, em nossa sociedade todos falam e ninguém escuta. De fato, o nosso não ser ouvidos é também uma forma de autodefesa. Não escutamos para não sermos sobrecarregados por milhares de mensagens que continuamente nos chegam, arrastam e transbordam das várias mídias. Diante dessa não desejada torrente existe a tendência, da parte da maioria, de não empenhar-se num cansativo trabalho de seleção, acabando por não prestar atenção nem nas mensagens banais, a maioria, nem nas poucas que, no entanto, são interessantes e vitais[12].

Uma derivação linguística é sublinhada por Italo Calvino em suas *Lições americanas:*

> Às vezes tenho a impressão de que uma epidemia pestilenta atingiu a humanidade na faculdade que mais a caracteriza, isto é, no uso da palavra; uma peste da linguagem que se manifesta como perda de força cognitiva e de imediatez, como um automatismo que tende a nivelar a expressão sob as formas mais genéricas, anônimas, a apagar cada centelha

---

12 BALDINI, M. Storia della comunicazione. In: VIGANÒ, D.E. (org.). *Dizionario della comunicazione*. Roma: Carocci, 2009, p. 21-37, cit. p. 37.

que exala da colisão das palavras com novas circunstâncias[13].

A falta de aderência ao real é filha de um *logos* violento, que – em sua raiz grega, mais do que a hebraico-cristã[14] – deturpa a liberdade e a graça do comunicar, contaminando-a com a embriaguez incontrolada de um hálito icônico, na realidade incapaz de realismo e de aderência à vida. Contra esse funesto desvio urgiria retornar a uma palavra que reverberasse o sentido das coisas. Os discursos do papa Francisco são comunicativamente eficazes não apenas por serem simples e inequívocos, mas também porque, como ocorre na exortação apostólica *Evangelii Gaudium*[15], todo ato comunicativo do pontífice tem raízes na vontade e no desejo de transmitir – portanto, de narrar – a realidade através da alegria do Evangelho.

Promulgada no dia 24 de novembro de 2013, a *Evangelii Gaudium* antecipa em parte os temas da encíclica *Laudato si'*[16] e insiste longamente na necessidade de renovação da Igreja, no sonho de "uma Igreja em saída":

---

13 CALVINO, I. *Lezioni americane* – Sei proposte per il prossimo millennio. Milão: Mondadori, 2012, p. 60 [1. ed., 1988].

14 É provavelmente verdade que a matriz de uma certa *abordagem logocêntrica* ao homem e ao seu saber resida naquele "*domínio*" *violento do conceito* que caracterizou a alma na filosofia moderna, do hegelianismo às mais recentes tentativas de "hibridação metafísica" do *logos* joânico (objeto ele próprio de irreverente coação). Cf. a interessante contribuição de RAVERA, M. & BUBBIO, P.D. "Raccogliere" ed "accogliere" – Riflessioni sul Logos alla luce della critica di Girard a Heidegger. In: *Filosofia e Teologia*, 20, 2006, p. 472-484. Sobre a relação entre os dois *Logoi*, cf. tb. SEGALLA, G. Il Logos eracliteo e il Logos giovanneo – Un dialogo culturale tra i primi lettori dei due testi. In: *Filosofia e Teologia*, 13, 1999, p. 73-83. Sobre as derivas da nominação e das suas imagens, cf. MAZZA, G. Immagni del Nome: uni-pluralità pseudonimia e trans-figurazoni del Logos incarnato. In: *Ricerche Teologiche*, 19, 2008, p. 79-94.

15 FRANCESCO. Esortazione apostolica *Evangelii Gaudium*, 24/11/2013.

16 FRANCESCO. Lettera encíclica *Laudato si'*, 24/05/2015.

> Saiamos, saiamos para oferecer a todos a vida de Jesus Cristo! Repito aqui, para toda a Igreja, aquilo que muitas vezes disse aos sacerdotes e aos leigos de Buenos Aires: prefiro uma Igreja acidentada, ferida e enlameada por ter saído pelas estradas a uma Igreja enferma pelo fechamento e pela comodidade de se agarrar às próprias seguranças. Não quero uma Igreja preocupada em ser o centro, e que acaba presa num emaranhado de obsessões e procedimentos. Se alguma coisa deve santamente inquietar e preocupar a nossa consciência é que haja tantos irmãos nossos que vivem sem a força, a luz e a consolação da amizade com Jesus Cristo, sem uma comunidade de fé que os acolha, sem um horizonte de sentido e de vida. Mais do que o temor de falhar, espero que nos mova o medo de nos encerrarmos nas estruturas que nos dão uma falsa proteção, nas normas que nos transformam em juízes implacáveis, nos hábitos em que nos sentimos tranquilos, enquanto lá fora há uma multidão faminta e Jesus repete-nos sem cessar: "Dai-lhes vós mesmos de comer" (Mc 6,37)[17].

Aos dois documentos será dedicada uma parte do próximo capítulo, com a intenção de analisar os aspectos linguísticos e comunicativos, e também porque, mesmo sendo textos escritos, entram de pleno direito entre os "atos linguísticos" do pontífice, para usar sempre a categoria introduzida por John L. Austin com a sua *Speech Act Theory*[18], segundo a qual cada comportamento do sujeito falante é um comportamento ativo.

Austin e outros pensadores do século XX colocaram em evidência o aspecto relacional da comunicação, e isto torna a linguagem um tema central no panteão dos temas filosóficos. Den-

17 FRANCESCO. Esortazione apostolica *Evangelii Gaudium*. Op. cit., n. 49.

18 AUSTIN, J.L. *How to Do Things with Words:* The William James Lectures Delivered at Harvard University in 1955. Oxford: Clarendon, 1962 [Trad. it.: *Come fare cose con le parole* – Le William James lectures tenute alla Harvard University nel 1955. Gênova: Marietti, 1987].

tre estes, é exatamente o do diálogo, tão caro ao papa Francisco, que consente passar da categoria da "simples" comunicação à do *entrar em relação* e, portanto, da espiritualidade, em sua qualidade de relação dialógica com o mistério divino.

Sua relação com os fiéis é sempre diálogo, intercâmbio na reciprocidade, um encontro no interior do qual o pontífice oferece, portanto, juntamente com a mensagem da misericórdia, sua presença e sua proximidade. Em troca, em cada ocasião, sempre pede para rezar por ele, além de viverem e praticarem os ensinamentos de Jesus. Um apelo que anula tudo o que é supérfluo, levando o interlocutor ao essencial, já que "diante da imediatez da relação, tudo o que é indireto se torna irrelevante"[19].

A *palavra* enquanto palavra, e não falácia, é o espaço de um encontro no qual qualquer instrumentalização para alcançar o plano inefável e autêntico da graça é excluída. "O tu me encontra por mera graça; não se encontra na investigação. Mas, que eu lhe dirija a palavra fundamental, é uma ação do meu ser, uma ação essencial minha"[20]. Mas quais seriam, pois, as palavras (e qual elemento ainda mais importante: as figuras do falado) características da comunicação do papa Francisco?

Vivemos em uma cultura midiática, que plasma muitos dos nossos comportamentos e valores. Disto o pontífice tem plena consciência: se se pretende que, de alguma forma, os cristãos não pertençam a esta cultura e não sejam sujeitos às tensões e às pressões que o mundo exerce sobre a vida dos homens, então eles não têm nada a dizer à nossa sociedade. Somente poderiam falar entre si. Papa Francisco, ao contrário, fala de modo compreensí-

---

19 BUBER, M. *Die Schriften über das dialogische Prinzip*. Heidelberg: Lambert Schneider, 1954 [Trad. it.: *Il principio dialogico e altri saggi*. São Paulo: Cinisello Balsamo, MI, 1993, p. 67].

20 Ibid. Trad. it. p. 66.

vel das *mirabilia Dei* com palavras e gestos que têm a espessura e a força motriz e testemunhal de sua própria existência, abrindo, assim, visões inéditas e percursos possíveis a cada homem e a cada mulher com os quais se encontra.

A mensagem proposta pelo papa Francisco é a do Evangelho da misericórdia. Na contemporaneidade assistimos "à passagem de uma fé desmedida a uma desconfiança igualmente extrema em relação ao futuro"[21], e nesse contexto papa Francisco faz do encontro e da proximidade o paradigma de uma relação de sentido que pode abrir horizontes imprevisíveis para os distraídos e desinteressados, impossíveis para a retórica de um preconceito tradicional, para os afastados e pecadores.

Figuras da Palavra: metáfora e simbologias para uma estratégia da inclusão

Vimos como a simplicidade é desde o primeiro momento uma chave do agir comunicativo do papa Francisco[22]. "Simplicidade", porém, não significa "pobreza"; tanto o vocabulário quanto a bagagem retórica do pontífice são, na realidade, riquíssimos. Por outro lado, o próprio Evangelho é, em si, uma narração da linguagem simples e ao mesmo tempo profunda; em sintonia com o Evangelho é que Bergoglio propõe uma abordagem conversacional em tom amistoso, familiar[23], rico em referências à

---

21 BENASAYAG, M. & SCHMIT, G. *Les passions tristes* – Souffrance psychique et crise sociale. Paris: La Découverte, 2003 [Trad. it.: *L'epoca delle passioni triste*. Milão: Feltrinelli, 2011, p. 18 [1. ed., 2004].

22 VIGANÒ, D.E. *Fedeltà è cambiamento* – La svolta di Francesco raccontata da vicino. Roma: RAI-ERI, 2015.

23 Cf. PENATI, C. "Quase alla fine del mondo" – I primi mesi del pontificato di Francesco nelle immagini del Centro Televisivo Vaticano. In: VIGANÒ, D.E. (org.). *Telecamere su San Pietro* – I trent'anni del Centro Televisivo Vaticano. Milão: Vita e Pensiero, 2013, p. 123-129.

cotidianidade, mas que não renuncia em fazer uso de figuras de linguagem eficazes. Tratam-se de figuras da analogia, nomeadamente metáforas e similaridades, que, como nos lembra Foucault em sua análise do pensamento medieval das semelhanças, estão entre as mais antigas e as mais potentes[24].

No fundo, o mundo contemporâneo da comunicação tem em comum com o imaginário medieval o fato de ser permeado de símbolos, que acabam se remetendo uns aos outros, ao ponto que o eterno jogo da significação – a que o filósofo da linguagem Charles S. Peirce denominava "fuga dos interpretantes"[25] – pode acabar ocultando, confundindo ou dispersando a mensagem. Um perigo real do qual o papa Francisco está tão ciente, que as metáforas e analogias com as quais ele pontua seus discursos remetem sempre a um imaginário simples, de imediata visualização e de extrema exequibilidade. "Sede pastores com o 'cheiro das ovelhas', que se sinta esse cheiro", disse, por exemplo, durante a homilia da missa do Crisma, celebrando sua primeira Quinta-feira Santa como pontífice, em 2013[26]. E também, poucos meses depois, durante a vigília de Pentecostes: "Não podemos nos tornar cristãos engomados, aqueles cristãos demasiado educados que falam de coisas teológicas enquanto tomam o chá, tranquilos"[27].

---

24 A analogia o é, p. ex., "porque as semelhanças por ela tratadas não são aquelas visíveis, maciças, das próprias coisas; basta que consistam nas semelhanças mais sutis das relações [...]. O espaço das analogias é no fundo um espaço de irradiação. De toda parte o homem é colocado em referência a isto; mas esse mesmo homem, por sua vez, transmite as semelhanças que recebe do mundo. É o grande fogo das proporções, o centro no qual as relações convergem e encontram sustentação, e onde são novamente refletidas" (FOUCAULT. *Les mots et les choses*. Op. cit. Trad. it. p. 35, 37).

25 Cf. PEIRCE, C.S. & JAMES, W. *Che cos'è il pragmatismo*. Milão: Jaca Book, 2000. Cf., tb., em Peirce como em Eco, o conceito de "semiose ilimitada", já introduzida no capítulo precedente (nota 63).

26 FRANCESCO. Omelia per la santa messa del Crisma, 28/03/2013.

27 FRANCESCO. Veglia di Pentecoste con i movimenti, le nuove comunità, le associazioni e le aggregazioni laicali, 18/05/2013.

Além disso, em primeira entrevista feita à *La Civiltà Cattolica*, o mesmo Bergoglio já havia explicitado a sua visão, a de uma Igreja como "hospital de campanha"[28]; uma analogia que também aflorou em seus discursos seguintes:

> O sacerdote é chamado a aprender isso, a ter um coração que se comove. Os presbíteros – permiti que use esta palavra – "ascetas", aqueles "de laboratório", completamente limpos e bonitos, não ajudam a Igreja. Hoje podemos pensar a Igreja como um "hospital de campanha". Isso – perdão se o repito – porque o vejo assim, porque o sinto assim: um "hospital de campanha". É necessário curar as feridas, tantas feridas! Existem muitas pessoas feridas por problemas materiais, por escândalos, até na Igreja... Pessoas feridas pelas ilusões do mundo... Nós, sacerdotes, devemos estar ali, próximos dessas pessoas. Misericórdia significa, antes de tudo, curar as feridas[29].

Não é por acaso que em inúmeras ocasiões Bergoglio utilize também a metáfora da "carne" de Cristo, fazendo referência à sua humanidade, à encarnação que encontra justamente nos sofredores uma correspondente real e tangível: "Não tenhais medo de aproximar-vos da carne, da carne que tem fome e sede, da carne doente e ferida, da carne que está expiando a própria culpa, da carne que não tem com o que se vestir, da carne que conhece o amargor corrosivo da solidão nascida do desprezo"[30]. Na mesma vigília de Pentecostes

---

28 "Vejo com clareza [...] que a coisa da qual a Igreja tem mais necessidade hoje é a capacidade de curar as feridas e reaquecer o coração dos fiéis, a vizinhança, a proximidade. Eu vejo a Igreja como um hospital de campanha depois de uma batalha. É inútil perguntar a um ferido grave se tem o colesterol e as taxas de açúcar elevadas! Devemos curar as feridas. Depois podemos falar de todo o resto. Curar as feridas, curar as feridas... E é preciso começar de baixo para cima" (Intervista a papa Francesco di Antonio Spadaro. In: *La Civiltà Cattolica*, 2.918, 19/09/2013, p. 449-477, cit. p. 461-462).

29 FRANCESCO. Discorso ai parroci di Roma, 06/03/2014.

30 BERGOGLIO, J.M. [Papa Francesco]. *Aprite la mente al vostro cuore*. Milão: Rizzoli, 2013, p. 13.

de 2013, ele se concentra longamente na proximidade aos últimos, tomando como pretexto uma reflexão sobre a esmola:

> Nós devemos nos tornar cristãos corajosos e ir à procura daqueles que são precisamente a carne de Cristo, daqueles que são a carne de Cristo! Quando vou confessar – não aqui; aqui ainda não posso, porque sair para confessar... daqui não se pode sair, mas isto é outro problema; quando, na diocese anterior, ia confessar, vinham as pessoas e eu sempre lhes fazia esta pergunta: "Dá esmola?" "Sim, padre!" "Muito bem!" Mas lhes fazia mais duas: "Diga-me, quando dá esmola, fixa nos olhos aquele ou aquela a quem dá a esmola?" "Bem, não sei, não me dou conta". Segunda pergunta: "E quando dá esmola, toca a mão da pessoa a quem dá a esmola ou lança-lhe a moeda?" Este é o problema: a carne de Cristo, tocar a carne de Cristo, assumir esse sofrimento pelos pobres. A pobreza, para nós cristãos, não é uma categoria sociológica, filosófica ou cultural. Não! É uma categoria teologal. Diria que essa é talvez a primeira categoria, porque aquele Deus, o Filho de Deus, humilhou-se, fez-se pobre para caminhar conosco ao longo da estrada. E esta é a nossa pobreza: a pobreza da carne de Cristo, a pobreza que nos trouxe o Filho de Deus com a sua encarnação[31].

A retórica do pontífice, portanto, está longe de ser improvisada, mas preserva sempre uma grande capacidade de impacto:

> Papa Francisco fala de "Igreja *babysitter*" (17 de abril), para estigmatizar uma Igreja que só "cuida da criança para fazê-la dormir", ao invés de agir como uma mãe com os seus filhos; ou de "Deus *spray*" (18 de abril), para munir-se de um Deus na perspectiva não cristã, que serve para qualquer situação [...]; ou aquela dos "cristãos satélites", usada no dia 20 de abril para rotular os cristãos que se fazem ditar a

31 FRANCESCO. Veglia di Pentecoste con i movimenti, le nuove comunità, le associazioni e le aggregazioni laicali, 18/05/2013.

> conduta do "senso comum" e da "prudência mundana", antes que inspirar-se em Jesus[32].

As palavras são potentes e são usadas com cuidado. Por isso, em 2015, voltando ao tema em uma entrevista à Rádio Renascença, por ocasião da visita *ad limina apostolorum* dos bispos de Portugal[33], Bergoglio convida explicitamente à "prudência de não criar uma catequese puramente teórica"[34]. E também acrescenta:

> Catequese é ensinar uma doutrina para a vida e, portanto, três linguagens, três línguas: a linguagem da cabeça, a linguagem do corpo e a linguagem das mãos. E que o catequista entre nesta linguagem. Que o jovem pense e saiba qual é a fé, mas que, ao mesmo tempo, faça coisas [...]. [P]ensar aquilo que se sente e se faz, sentir aquilo que se pensa e se faz, fazer aquilo que se sente e se pensa"[35].

Essa unidade, essa profunda coerência ligando pensamento, palavra e ação, reflete-se exatamente na estrutura das metáforas e das analogias tão caras a Bergoglio; figuras retóricas caracterizadas pela imediatez, pela capacidade de impressionar o ouvinte com uma compreensão holística, na qual muitos níveis de significado se oferecem instantaneamente. Como o escrevem George Lakoff e Mark Johnson no célebre ensaio em que analisam a força simbólica e performativa da metáfora – também e

32 GITANTE, V. Bergoglio lava più bianco – La rivoluzione a parole di papa Francesco. In: *Micromega*, 24/07/2013 [Disponível em http://temi.repubblica,it/micromega-online/la-rivoluzione-a-parole-di-papa-francesco/].

33 FRANCESCO. Discorso ai presuli della Conferenza episcopale del Portogallo in visita *ad limina apostolorum*, 07/09/2015.

34 Francesco intervistato da Aura Vistas Miguel a Rádio Renascença, 14/09/2015 [MIGUEL, A.V. Entrevista ao Papa: "Tenho confiança nos políticos jovens – Há um problema mundial que é a corrupção" [Trad. it.: L'Europa torni a essere madre. In: *L'Osservatore Romano*, 14-15/09/2015, p. 4-5].

35 Ibid., p. 4.

sobretudo em seus usos políticos –, ela não é uma mera questão de linguagem. Os processos cognitivos humanos são, em sua maioria, metafóricos. Isso se liga ao fato de que o sistema conceitual humano é estruturado metaforicamente. As metáforas – expressões linguísticas – retornam porque estão presentes no sistema conceitual de uma pessoa[36].

Usar uma metáfora, portanto, significa ir à raiz do pensamento do interlocutor, estabelecendo um contato imediato[37].

Outra estratégia recorrente na comunicação de Bergoglio é a citação. Como a anedota, a citação insere na narração um segundo nível de narrativa e de significado, ao mesmo tempo simplificando a interpretação e carregando-a de sentido ulterior. Mas tem mais: a citação é uma forma de partilha, porque ela ao mesmo tempo pressupõe e cria, e coloca em cena a pertença a um mesmo grupo que compartilha códigos culturais, textuais, experienciais. Utilizar uma citação conhecida do interlocutor é um modo imediato de reconhecer-se e de entrar em relação. Apresentar-lhe uma desconhecida, mas que faz referência a um imaginário comum, é um modo de doar algo de si. – A importância do conceito de dom na comunicação do papa Francisco será abordada mais adiante.

Nesse sentido entram naturalmente as muitas citações evangélicas presentes nos discursos de Bergoglio, mas não só. Ele não se nega a usar o imaginário da cultura popular. Em determinada

36 LAKOFF, G. & JOHNSON, M. *Metaphors We Live by*. Chicago: University of Chicago Press, 1980 [Trad. it.: *Metafora e vita quotidiana*. Milão: Bompiani, 2004 [1. ed., 1998].

37 De fato, proximidade e metáfora se sustentam mutuamente; as metáforas cruciais são exatamente "aquelas cuja interpretação requer uma capacidade significativa de intimidade enquanto capacidade de saber reconhecer os derivados de experiências pessoais profundas" (FIUMARA, G.C. *Il processo metafórico* – Connessioni tra vita e linguaggio. Bolonha: Il Mulino, 1998 p. 202).

homilia, por exemplo, ele citou uma famosa canção interpretada por Mina, *Parole, parole* (Palavras, palavras). Aparentemente, os códigos das canções populares parecem estar mais longe das temáticas abordadas: a homilia em questão centrava-se no tema do perdão em relação ao escândalo do mercado das armas e dos semeadores de morte, e colocava em pauta conceitos abrangentes como a paz, a reconciliação e a misericórdia. No entanto, o papa disse: "Todo dia, ao rezar o Pai-nosso, dizemos: perdoai as nossas ofensas assim como nós perdoamos [...]. Palavras, não? Como se cantava naquela bela canção: 'Palavras, palavras, palavras', não? Creio que Mina a cantava... Palavras! [...] Se tu não perdoas não podes receber a paz do Senhor, o perdão do Senhor"[38].

Não seria a canção uma referência "frívola", deslocada, em um discurso de tão grande peso? Muito pelo contrário: é uma maneira de se aproximar com maior imediatez de um tema difícil para uma plateia de interlocutores diversificados. Por isso, por exemplo, no discurso feito no Quinto Congresso eclesial nacional *Em Jesus Cristo o novo humanismo* da Igreja italiana (Florença, 9-13 de novembro de 2015), Bergoglio aproximou dos tradicionais paladinos da fé os personagens saídos da pena de Giovannino Guareschi:

> A Igreja italiana tem grandes santos cujos exemplos podem ajudá-la a viver a fé com humildade, abnegação e alegria, desde Francisco de Assis até Filipe Néri. Mas pensemos também na simplicidade de personagens inventados como Don Camillo, que faz parceria com Peppone. Admiro-me que nas histórias de Guareschi a oração de um bom pároco se una à evidente proximidade com as pessoas. De si mesmo, Don Camillo dizia: "Sou um pobre sacerdote de aldeia que conhece os seus paroquianos um

38 FRANCESCO. Meditazione mattutina Domus Sanctae Marthae, 10/09/2015.

> por um, que os ama, que conhece as suas dores e alegrias, que sofre e sabe rir com eles". Proximidade com as pessoas e oração são a chave para viver um humanismo cristão popular, humilde, generoso e alegre. Se perdermos este contato com o povo fiel de Deus, perdemos em humanidade e não iremos a parte alguma[39].

Também graças à sua capacidade de brincar com as referências culturais Francisco está em condições de falar ao crente, ao não crente e ao crente que não consegue encontrar sua identidade cristã, como ele mesmo teoriza:

> Às vezes, perdemos aqueles que não nos entendem, porque desaprendemos a simplicidade, inclusive importando de fora uma racionalidade alheia ao nosso povo. Sem a gramática da simplicidade a Igreja se priva das condições que tornam possível "pescar" Deus nas águas profundas do seu mistério [...]. Talvez a Igreja lhes apareça demasiado frágil, talvez demasiado longe das suas necessidades, talvez demasiado pobre para dar resposta às suas inquietações, talvez demasiado fria para com elas, talvez demasiado autorreferencial, talvez prisioneira da própria linguagem rígida, talvez lhes pareça que o mundo fez da Igreja uma relíquia do passado, insuficiente para as novas questões; talvez a Igreja tenha respostas para a infância do homem, mas não para a sua idade adulta. O fato é que hoje há muitos que são como os dois discípulos de Emaús; e não apenas os que buscam respostas nos novos e difusos grupos religiosos, mas também os que parecem já viver sem Deus, tanto na teoria como na prática. O que fazer perante essa situação? Faz falta uma Igreja que não tenha medo de entrar na noite deles. Precisamos de uma Igreja capaz de encontrá-los no seu caminho[40].

---

39 FRANCESCO. Discorso per l'incontro con i rappresentanti del Convegno nazionale della Chiesa italiana, 10/11/2015.

40 FRANCESCO. Discorso per il incontro con l'episcopato brasiliano, viaggio apostolico a Rio de Janeiro in occasione della XXVIII Giornata mondiale della gioventù, 27/07/2013.

Na *Evangelii Gaudium* Bergoglio se detém ulteriormente na necessidade de ligar a comunicação à realidade dos interlocutores e aos diferentes contextos dialógicos:

> Acontece frequentemente que os pregadores usam palavras que aprenderam nos seus estudos e em certos ambientes, mas que não fazem parte da linguagem comum das pessoas que os ouvem. Há palavras próprias da teologia ou da catequese cujo significado não é compreensível para a maioria dos cristãos. O maior risco de um pregador é habituar-se à sua própria linguagem e pensar que todos os outros a usam e a compreendem espontaneamente. Se se quer adaptar à linguagem dos outros para poder chegar até eles com a Palavra, deve-se escutar muito; é preciso partilhar a vida das pessoas e prestar-lhes benévola atenção[41].

Segundo o esquema de Jakobson, para funcionar a comunicação requer em primeiro lugar a referência a um contexto que possa ser compreendido pelo destinatário e que ela seja verbal ou suscetível de verbalização; em segundo lugar, que ela seja um código inteiramente, ou ao menos parcialmente, comum ao emissor e ao destinatário; enfim, um contato, um canal físico e uma conexão entre emissor e destinatário, consentindo-lhes estabelecer e manter a comunicação[42]. A atenção ao compartilhamento dos códigos que observamos nas escolhas linguísticas e comunicativas analisadas até aqui faz compreender que disto o papa Francisco está perfeitamente consciente. Graças aos seus estudos? Indubitavelmente graças a eles também. Mas devemos

---

41 FRANCESCO. Esortazione apostolica *Evangelli Gaudium*, n. 158.

42 Cf. JAKOBSON, R. *Essais de linguistique générale*. Paris: De Minuit, 1963 [Trad. it.: *Saggi di linguistica generale*. Milão: Feltrinelli, 2002 [1. ed., 1966]]. A ideia do substrato físico na canalização do processo comunicativo foi, porém, objeto de revisitações nos últimos anos. A colocá-la em discussão é, acima de tudo, um certo estilo de virtualidade que estende o ato comunicativo para além da funcionalidade de suas interações mecânicas. Cf. toda a obra de Lévy, e em particular *Qu'est-ce que le virtuel?* Paris: La Découverte, 1995 [Trad. it.: *Il virtuale*. Milão: Raffaello Cortina, 1997].

lembrar que a abordagem da comunicação do papa Francisco[43] é sempre, antes de tudo, filha de suas raízes e de sua capacidade de ler o contexto presente e do seu defrontar-se com o futuro à luz do Evangelho. Ele mesmo nos recorda que a base de cada possível posição identitária – e, portanto, linguística – é o encontro com Jesus, e que "voltar a esse momento originário nos pode ajudar [...] a tornar a comunicação mais autêntica e humana"[44]. Nesse sentido,

> o regaço que nos hospedou é a primeira "escola" de comunicação, feita de escuta e de contato corpóreo, onde começamos a nos familiarizar com o mundo externo em um ambiente protegido e ao som tranquilizador do coração da mãe [...]. Hoje, os meios de comunicação mais modernos, irrenunciáveis sobretudo para os mais jovens, tanto podem *dificultar* como *ajudar* a comunicação [...]. Podem *dificultá-la* quando se tornam uma forma de se subtrair à escuta; de se isolar, apesar da presença física; de saturar todo o momento de silêncio e de espera [...]. Podem *favorecê-la*, se ajudam a narrar e compartilhar, a permanecer em contato com os de longe, a agradecer e pedir perdão, a tornar possível, sem cessar o encontro[45].

Portanto, para o papa Francisco, a comunicação é um dos objetivos da evangelização. As mídias e as novas mídias são um novo lugar feito de espaço e tempo onde habitam pessoas de cada categoria social e também onde moram os últimos, os rejeitados pela sociedade, os que costumamos considerar "fora do mundo". Por meio da linguagem passam, de fato, a inclusão, a relação,

---

43 VIGANÒ. *Fedeltà è cambiamento*. Op. cit.

44 FRANCESCO. Messaggio per la XLIX Giornata mondiale delle comunicazioni sociali, 23/01/2015.

45 Ibid.

a consolação e o perdão[46]. Para dizê-lo com Ernst Cassirer, "a linguagem se encontra em um ponto focal do ser espiritual no qual convergem raios de proveniência totalmente diversa e dos quais derivam linhas diretrizes em relação a todos os campos do espírito"[47]. Quem, portanto, é excluído da linguagem, do intercâmbio dialógico, é excluído da existência.

Simplicidade versus *mal-entendido*

Sobre o conceito de exclusão – central ao estilo comunicativo, mas também à práxis pastoral do papa Francisco – voltaremos nos próximos parágrafos. Antes, precisamos voltar nossa atenção – a propósito da simplicidade da linguagem e da abordagem perseguida com determinação por este pontífice – para a questão do mal-entendido e da instrumentalização. Parece um contrassenso, mas isso também acontece em relação às opções semânticas e retóricas e ao discurso público: a máxima simplicidade pode originar as mais irrefreáveis derivações interpretativas.

A primeira consiste em considerar cada palavra, cada opção lexical, como fruto de uma clara vontade de manipulação. Ora, se, como observamos, não é possível não comunicar, é óbvio que todo ato linguístico traz consigo os germes de uma intenção,

46 Como o lembra também Bento XVI, enfrentando o tema das mídias digitais: "'Ai de mim se não anunciar o Evangelho!' (1Cor 9,16). Com a sua difusão, portanto, a responsabilidade do anúncio não só aumenta, mas se faz mais imperiosa e reclama um empenho mais motivado e eficaz. A este respeito, o sacerdote vem a se encontrar com uma 'história nova', porque, quanto mais as novas tecnologias criam relações sempre mais intensas e o mundo digital ampliar os seus confins, tanto mais ele será chamado a ocupar-se deles pastoralmente, multiplicando o próprio empenho, para colocar as mídias a serviço da Palavra" (BENEDETTO XVI. Messaggio per la XLIV Giornata mondiale delle comunicazioni sociali *Il sacerdote e la pastorale nel mondo digitale: i nuovi media al servizio della Parola*, 24/01/2010).

47 CASSIRER, E. *Philosophie der symbolischen Formen* – Vol. I: Die Sprache. Op. cit. Trad. it. p. 143.

consciente ou não. E é mais do que evidente, ao mesmo tempo, que um pontífice, ciente do papel que exerce, não utilize ao acaso as palavras. A escolha de Bergoglio por um palavreado claro e compreensível à multidão é um fator que o aproxima também do mundo dos não crentes. Isso foi sentido por alguns, exatamente em razão de sua eficácia, como uma espécie de "invasão de campo", e justamente por isso suscitou reações contrastantes e muitas vezes polêmicas por parte de críticos e observadores externos.

Em janeiro de 2015, nos dias que sucederam o sanguinário ataque terrorista contra a redação do jornal satírico parisiense *Charlie Hebdo*, também ao papa foi solicitado um comentário sobre o ocorrido. Assim, durante o voo que o levava do Sri Lanka às Filipinas, ele respondeu a uma pergunta sobre os limites da liberdade de imprensa e de sátira, quando no meio destas se encontra a religião:

> Cada um tem não só a liberdade, o direito, mas também a obrigação de dizer o que pensa para ajudar o bem comum. A obrigação. Pensemos num deputado, num senador: se ele não disser aquilo que, no seu modo de ver, é a verdadeira estrada, não colabora para o bem comum. E não só estes... muitos outros. Temos a obrigação de dizer abertamente; temos esta liberdade, mas sem ofender. Porque é verdade que não se pode reagir violentamente, mas se o D. Gasbarri, grande amigo, me diz um palavrão contra a minha mãe, leva um soco. É normal! É normal. Não se pode provocar, não se pode insultar a fé dos outros, não se pode zombar da fé[48].

O "soco" do papa... Em poucos segundos essa notícia girou ao redor do planeta, frequentou todas as agências de notícias, desencadeou um turbilhão de comentários. Na realidade, o papa Francisco falou com a sua linguagem, com a semântica que lhe

48 FRANCESCO. Conferenza stampa durante il volo per le Filippine, 15/01/2015.

é própria, e não disse outra coisa senão o que a Santa Sé sempre afirmou; ou seja, que o direito à liberdade de pensamento e de expressão não pode implicar o direito de ofender o sentimento religioso dos crentes, princípio que vale para qualquer religião.

"Quando afirmou que se alguém ofende a sua mãe, 'um soco o espera', ele foi acusado de justificar as reações violentas dos islâmicos às charges satíricas"[49], disse o vaticanólogo Luigi Accattoli. Em ocasiões diversas, houve uma amplificação do insucesso na cooperação da interação comunicativa, chegando-se a condensar um pensamento em torno de um *slogan*:

> As irmãs que devem ser "mães, e não solteironas" (8 de maio de 2013); a vida cristã que "não é uma terapia terminal" (15 de junho de 2013); o louvor dos "cristãos desequilibrados" (26 de setembro de 2013); a deploração pelos "cristãos derrotados" (24 de abril de 2014); ou pelos que se "maquiam de cristãos" (4 de dezembro de 2014)... Todas estas expressões divertiram os ouvintes e provocaram elogios ao repertório imaginoso do papa argentino. Mas as reações polêmicas estavam à espreita, e não tardaram a chegar[50].

Não obstante isso, continua Accattoli,

> o papa Francisco simplifica a linguagem para chegar às pessoas simples e às de fora [...]. Ele conhece o sistema das distinções que por séculos afora foram sendo incorporadas, assim como sua utilidade no campo acadêmico; mas ele se sente no dever de falar uma língua nova, de anúncio direto, de pessoa para pessoa, que não fique prisioneira do filtro cultural que a faria chegar ao destinatário como um elemento de escola, de erudição[51].

---

49 Incontro con Luigi Accattoli, Università Raimondo Lullo, 14/02/2015, *La Chiesa e la comunicazione al tempo di Papa Francesco* [Disponível em http://www.luigiaccattoli.it/blog/conferenze-e-dibattiti-2/la-chiesa-e-la-comunicazione-al-tempo-di-papa-francesco/].

50 Ibid.

51 Ibid.

Bergoglio, por conseguinte, simplifica sua linguagem:

> Seu primeiro esforço diz respeito ao *uso das imagens*. Na realidade, para Francisco, não se trata de um esforço porque seu discurso gera naturalmente imagens, algumas das quais se tornaram famosas, partindo daquela da Igreja como "hospital de campanha", mas também daquelas do "deus *spray*", dos "cristãos de pastelaria", do "*milk-shake* de fé", do "pensamento *prêt-à-porter*" ou da "Igreja *babysitter*". O papa adora os exemplos, mas não somente os que falam à razão. As imagens, nesse sentido, são para ele mais poderosas do que os exemplos. Em sua primeira exortação apostólica, escreve: "Uma imagem fascinante faz com que se sinta a mensagem como algo familiar, próximo, possível, relacionado com a própria vida. Uma imagem apropriada pode levar a saborear a mensagem que se quer transmitir, pode despertar o desejo e motivar a vontade na direção do Evangelho" (EG 157). Seu segundo esforço consiste em dar vida a uma pregação "simples, clara, direta, adaptada". A *simplicidade* diz respeito à linguagem que quer ser bem compreensível para não se correr o risco de falar no vazio. O papa sabe que quem estudou teologia em geral aprendeu uma linguagem correta e técnica, mas que as pessoas não entendem por não fazerem parte do modo comum de exprimir-se das pessoas que ouvem. Como proceder para se adaptar à linguagem dos outros, fazendo chegar até eles a Palavra? O próprio papa respondeu a essa questão na *Evangelii Gaudium*: "Deve-se escutar muito; é preciso partilhar a vida das pessoas e prestar-lhes benévola atenção" (EG 158). A linguagem das homilias da Santa Marta é muito simples, imediata, compreensível a qualquer pessoa. Em Francisco essa habilidade lhe advém de sua vida constantemente em contato com as pessoas[52].

Os ambientes tradicionalistas temem que a escolha desse tipo de linguagem provoque uma confusão e uma consequente

---

52 SPADARO, A. Le omelie da Santa Marta. In: BERGOGLIO, J.M. *La verità è un incontro* – Omelie di Santa Marta. Milão: Rizzoli, 2014, p. 11-46, cit. p. 23-24.

perda de orientação da ideia cristã na cotidianidade dos católicos medianos, justamente por não se sentirem mais representados. Entretanto, essa postura esconde em si uma instrumentalização da mensagem de Bergoglio, que, contrariamente, é enxuta, simples e direta; aquece a consciência dos fiéis e, ao mesmo tempo, envolve as pessoas afastadas, as que nunca se sentiram ouvidas.

Um dos instantes exemplares na construção da mensagem do papa Francisco é sua homilia da missa matutina, na igreja de Santa Marta. Ali, além de sua costumeira aderência à realidade, também encontramos sua capacidade de transformar o Evangelho em vida, fazendo refulgir a verdade da mensagem cristã para além de qualquer possível obscuridade de formulação ou distanciamento histórico do contexto.

> "A força de um sacerdote [disse o pontífice] está nessa relação." De fato, em relação a Jesus, quanto mais sua "popularidade aumentava, mais Ele se sentia impelido a dirigir-se ao Pai". Lucas, na passagem evangélica da liturgia de hoje (5,12-16), diz: "Ele se retirava para lugares desertos para rezar". Ou seja, "quanto mais se falava" de Jesus, "e quanto mais numerosas as multidões acorriam para ouvi-lo, para fazer-se curar, mais imediatamente Ele sentia a necessidade de se encontrar com seu Pai". Postura, segundo Bergoglio, que constitui "a pedra de toque para nós sacerdotes: ou vamos ou não vamos encontrar Jesus". Daqui decorrem uma série de perguntas que o pontífice sugeriu para um exame de consciência: "Qual é o lugar de Jesus Cristo na minha vida sacerdotal? É uma relação viva, de discípulo para mestre, de irmão para irmão, de pobre homem para Deus? Ou é uma relação um pouco artificial que não vem do coração?" "Nós fomos ungidos pelo Espírito [foi a reflexão proposta pelo Papa], e quando um sacerdote se afasta de Jesus Cristo, ao invés de ser ungido, acaba sendo meloso". E acrescentou: "Quanto mal fazem à Igreja os sacerdotes melosos! Aqueles que colocam a força nas coisas artificiais,

> na vaidade", aqueles que têm "um comportamento, uma linguagem melosa". E acrescentou: quantas vezes "ouve-se dizer com dor: mas este é um sacerdote" que se parece mais com uma "borboleta", justamente "porque vive sempre na vaidade" e "não tem relação com Jesus Cristo: perdeu o horizonte, é um meloso"[53].

Sobretudo no caso de uma pessoa de língua não materna como o papa, impressiona a escolha do jogo de palavras como método para manter viva a atenção sobre uma das questões que lhe são muito caras: contrastar os comportamentos mundanos e idolátricos que desviam da relação central com Jesus, como as "figuras do sacerdote negociante ou do sacerdote empreendedor". O sacerdote, no entanto, "adora Jesus Cristo, o sacerdote fala com Jesus Cristo, o sacerdote busca Jesus Cristo e se deixa buscar por Jesus Cristo. Esse é o centro da nossa vida. Se não existe isso, perdemos tudo! E o que daremos então às pessoas?"[54]

Com os "sacerdotes borboletas" o papa dá vida a um verdadeiro e próprio absurdo, uma figura mista que não deixa de ter um tom humorístico. Francisco *castigat ridendo mores*, como Orácio com suas *Sátiras*: censura os (maus) costumes sem meias-palavras, sem retórica nem palavreado, e sem deixar de dispensar à sua gente o conforto de uma afável ironia.

Não falta nem mesmo a profundidade, o apelo imediato à mensagem profunda, que é sempre a do bem como responsabilidade pessoal ativa:

> "É bom encontrar os sacerdotes [...] que deram a vida como sacerdotes." Sacerdotes dos quais as pessoas dizem: "Sim, ele tem um temperamento meio forte, tem isto, tem aquilo, mas é um sacerdote! E as pessoas têm faro!" Ao contrário, quando se trata de

---

53 FRANCESCO. Meditazione mattutina Domus Sanctae Marthae, 11/01/2014. In: *L'Osservatore Romano*, 12/01/2014.

54 Ibid.

> sacerdotes "idólatras", "que ao invés de ter Jesus têm seus pequenos ídolos – alguns são devotos do deus Narciso – quando as pessoas os veem dizem: Coitadinhos!" Portanto, é exatamente "a relação com Jesus Cristo", assegurou o pontífice, que nos salva "da mundanidade e da idolatria que nos faz melosos" e que nos conserva "na unção". [...] E hoje, a vós, que tivestes a gentileza de vir celebrar comigo, desejo isto: vós podeis perder tudo na vida, menos esta relação com Jesus Cristo. Esta é a vossa vitória. E vamos em frente!"[55].

O conceito de dom na comunicação e na ação de Bergoglio

A linguagem tem um significado tanto comunicativo quanto narrativo, e a estes se junta outro, fundamental: o social. Inúmeros estudos antropológicos, como os de Bronislaw Malinowski[56], sublinham, além disso, a função fática da língua também em sentido social, como meio de criar coesão no interior do grupo. Do ponto de vista pragmático, na interação social, a palavra se faz intercâmbio e dom.

A ideia de dom como central no agir simbólico dos seres humanos é, por outro lado, um conceito complexo, que conheceu diversas derrapagens interpretativas profundamente ligadas ao contexto no qual foi analisado. Dentre os mais incisivos ensaios sobre o dom está o de Marcel Mauss[57], que sublinha sua ambiguidade, encontrável também por via etimológica na derivação que sofreu o próprio termo, *gift*, assumindo dois signi-

55 Ibid.

56 MALINOWSKI, B. *Argonauts of the Western Pacific*: An Account of Native Enterprise and Adventure in the Archipelagoes of Melanesian New Guinea. Londres: G. Routledge & Sons, 1922 [Trad. it.: *Argonauti del Pacifico occidentale* – Riti magici e vita quotidiana nella società primitive. Turim: Bollati Boringhieri, 2004 [1. ed., 1973]].

57 MAUSS, M. *Essai sur le don* – Forme et raison de l'échange dans les sociétés archaïques. In: *L'Année Sociologique*, seconde série, 1923-1924 [Trad. it.: *Saggio sul dono* – Forma e motivo dello scambio nelle società arcaiche. Turim: Einaudi, 2002].

ficados muito diferentes: na língua inglesa significa justamente "dom", enquanto que na alemã quer dizer "veneno"[58].

No cristianismo, o conceito de dom é central e possui uma conotação positiva. A vida é dom (de Deus ao homem, dos pais aos filhos), assim como o é o sacrifício (o de Jesus sobre a cruz e o dos homens em nome da fraternidade), e a figura do dom permeia a tradição cristã, assim como anteriormente ela permeou a tradição judaica. Além disso, dar, receber e retribuir são figuras do agir social profundamente conaturais à experiência humana. Mas na acepção cristã o dom está sob o signo da gratuidade e, ao invés de dívida, como na concepção de Mauss, ela implica mais precisamente um *dever*, uma responsabilidade.

Não impressiona, portanto, que o dom seja uma categoria fundamental da ação comunicativa do papa Francisco, que da unidade na Igreja e da solidariedade social ele tenha feito uma missão precisa de sua pastoral. A respeito de outras abordagens mais sociológicas, Bergoglio também desenvolve sua poética da simplicidade e desfruta do poder das figuras simbólicas da linguagem, como o vimos fazer na interação verbal.

Um exemplo oportuno é a iniciativa da *Misericordina* (um "*kit* de oração", um rosário confeccionado como um remédio), distribuída na Praça de São Pedro. Assim, o papa Francisco apresenta essa iniciativa, colocando em cena as interrogações e as dúvidas de seus interlocutores, mais uma vez em forma teológica:

> Neste momento, gostaria de vos aconselhar um remédio. Mas alguém pode pensar: "Agora o papa

58 Mauss se concentra naquilo que poderíamos definir como uma concepção economicista do dom, postulando que ele se compõe de três obrigações: a de dar, a de receber e a de retribuir. Ele entende, portanto, o dom acima de tudo como reciprocidade e dívida. Uma concepção que será fortemente contestada por sucessivos autores, o primeiro deles é o filósofo Jacques Derrida (*Donner le temps* – La fausse monnaie. Paris: Galilée, 1991 [Trad. it.: *Donare il tempo* – La moneta falsa. Milão: Raffaello Cortina, 1996].

> virou farmacêutico?" Trata-se de um remédio especial para concretizar os frutos do *Ano da fé*, que se aproxima de seu termo. Mas é um remédio de 59 contas intracordiais. Trata-se de um "remédio espiritual" chamado *Misericordina*. Uma caixinha com 59 contas intracordiais. Essa pequena caixa contém o remédio que alguns voluntários vo-lo distribuirão ao deixardes a praça. Tomai-o! Contém um rosário, com o qual podeis rezar também o "terço da misericórdia", auxílio espiritual para a nossa alma e para propagar em toda a parte o amor, o perdão e a fraternidade. Não vos esqueçais de tomá-lo, porque faz bem. Faz bem ao coração, à alma e à vida inteira![59]

Um gesto de enorme eficácia: porque desloca e acima de tudo "faz notícia", mas, sobretudo, porque assume um conceito abstrato como a misericórdia e o torna imediatamente compreensível, utilizando a metáfora do remédio. A misericórdia se encarna em um objeto cotidiano, que todos, dos mais ricos aos mais pobres, manejam e do qual todos podem fazer uso. Com um único gesto, em suma, o papa Francisco consegue fazer passar inúmeros significados, utilizando as sobreposições entre o campo semântico da misericórdia e o do remédio: a *necessidade* (sem a misericórdia, como sem o remédio, a sociedade fica doente); a *potência salvífica* (como o remédio, a misericórdia faz bem); a *eficácia* (a misericórdia funciona imediatamente, faz efeito rapidamente). Trata-se, pois, como se vê, de uma ideia de simplicidade só aparente, que consegue veicular uma notável complexidade simbólica, sendo a destilação de um pensamento de grande sutileza e cultura.

No dia 6 de abril de 2014, por ocasião do 5º Domingo da Quaresma, papa Francisco fez distribuir aos fiéis da Praça de São Pedro pequenos evangelhos de bolso, enfatizando especificamente a sua concepção do dom:

---

59 FRANCESCO. *Angelus*, 17/11/2013.

> Nos domingos passados sugeri a todos que se munissem de um pequeno Evangelho, para levar convosco durante o dia, para poder lê-lo com frequência. Depois voltei a pensar na antiga tradição da Igreja, durante a Quaresma, de entregar o Evangelho aos catecúmenos, aos que se preparam para o Batismo. E hoje desejo oferecer a vós que estais aqui na praça – mas como sinal para todos – um Evangelho de bolso [...]. Ser-vos-á distribuído gratuitamente. Há pontos na praça onde estão sendo distribuídos. Eu os vejo lá, lá e lá... Aproximai-vos desses pontos e aceitai um Evangelho. Aceitai-o, levai-o convosco, e lede-o todos os dias: é precisamente Jesus que nele vos fala! É a Palavra de Jesus; esta é a Palavra de Jesus [...]. Mas talvez haja entre vós quem não acredita que seja gratuito. "Mas quanto custa? Quanto devo pagar, padre?" Façamos o seguinte: em troca dessa oferta, fazei um ato de caridade, um gesto de amor gratuito, uma oração pelos inimigos, uma reconciliação, alguma coisa...[60]

Também esta é uma mensagem interessante: o papa substitui a ideia de troca (vos dou alguma coisa, me dareis alguma coisa em troca) pela disseminação da gratuidade (vos dou alguma coisa sem pedir nada em troca, vós dareis alguma coisa a alguém, sem nada pedir-lhe em troca). Parece elementar, mas se trata de uma verdadeira mudança de paradigma, que por sua vez se insere perfeitamente na batalha incansável deste pontífice contra a avidez, a mesquinhez, a predominância dos interesses econômicos, mesmo no seio da Igreja.

O dom, neste caso, pede a quem o recebe de fazer em troca uma ação concreta de bem, que seja sinal ulterior da mensagem do amor de Deus. Por si só, dar o Evangelho é um gesto significativo do ponto de vista comunicativo, pois é presentear narração e palavra, Palavra santa de Deus; papa Francisco, além disso, o

60 Ibid., 06/04/2014.

realiza no início do período quaresmal, para conferir-lhe ulterior significado, e força simbólica, enquadrando-o no contexto do sacrifício por excelência, o de Jesus, que sobre a cruz se oferece como um dom. Vemos mais uma vez como a um gesto totalmente cotidiano, como o de presentear um livro, corresponda um investimento simbólico de extremo requinte. Percebemos, porém, que nas palavras de Bergoglio não existe qualquer explicação de todo esse alcance simbólico, porque ele não quer chamar a atenção sobre o requinte, a inteligência do gesto, a polissemia de sua ação. Ao contrário, ele simplifica, se faz humilde, sabe que o povo provavelmente não compreenderá intelectualmente todos os significados de seu gesto, mas conta com uma intuição essencial: ide, fazei o bem, e fazei-o gratuitamente.

No ano seguinte, por uma iniciativa similar, pediu inclusive a colaboração de voluntários "especiais":

> Este livrinho reúne alguns ensinamentos de Jesus e os conteúdos essenciais da nossa fé, como, por exemplo, os sete sacramentos, os dons do Espírito Santo, os dez mandamentos, as virtudes, as obras de misericórdia etc. Vão agora distribuí-los os voluntários, dos quais muitos são pessoas sem teto, que vieram em peregrinação. E como sempre, também hoje estão aqui, e são os que estão em necessidade que nos dão uma grande riqueza: a riqueza da nossa doutrina, para conservar o coração[61].

Por vontade de Bergoglio, em suma, as pessoas que levaram a Palavra de Deus são justamente os verdadeiros protagonistas do Evangelho: os humildes, os pobres, os deserdados. Com essa iniciativa, que traduz em ato concreto o sentido profundo da Sagrada Escritura, o papa os indica como sinal tangível da misericórdia divina, elevando-os ao papel de protagonis-

61 Ibid., 22/02/2015.

tas no interior da comunidade. Além disso, eles são o coração da missão da Igreja sonhada pelo papa Francisco: uma Igreja de estrada, aberta ao mundo, como vimos; semelhante a um "hospital de campanha".

Tal como a do remédio, "hospital de campanha" é outra metáfora que nos leva ao campo semântico do cuidado. Ela pode ser entendida como tomar conta ou como terapia para as feridas, para curar mentes e corações. E nessa passagem encontramos outra das muitas facetas do conceito de dom, a ele estreitamente ligada, desde a etimologia da palavra: a de "perdão". Exatamente aqui se fecha o círculo da ação comunicativa do papa Francisco a respeito das categorias do dom, que culmina na decisão de convocar um grande jubileu extraordinário e denominá-lo "jubileu da misericórdia", lembrando justamente aquele "remédio" dado na Praça de São Pedro. Uma decisão que tem implicações tanto práticas quanto doutrinais, e que testemunha, pois, a centralidade do dom em sua ação pastoral. A do jubileu, vale lembrar, é uma prescrição que vem da tradição hebraica. No Livro do Levítico (25,8-10) encontramos a ordem de declarar o ano santo, o jubileu, o quinquagésimo ano. Nesses meses, caracterizados exatamente pela total gratuidade, pela total, por assim dizer, "confiança", deixa-se, por exemplo, a terra repousar sem cultivá-la, dissolverem-se os contratos (terrenos e casas retornam ao dono originário, os servos são libertados) e, sobretudo, perdoam-se as dívidas.

Uma prescrição como essa torna evidente a dimensão revolucionária tanto do dom quanto do perdão: cumprir normas tão radicais significaria de fato a dissolução de todo mecanismo produtivo, econômico, social. O pensamento de um verdadeiro jubileu em nossa sociedade contemporânea é vertiginoso. Certamente o era também nas sociedades mais simples e arcaicas, e não se sabe – mas existem razões para duvidar – se essas regras bastante radicais foram efetivamente aplicadas. O certo, porém, é que "perdoar as dívidas", no sentido de pedir e obter o perdão para os próprios pecados, está no centro da ideia cristã do jubileu. Evento que reúne os fiéis em um caminho que pode ser figurado, nomeadamente de meditação e de oração, ou mesmo físico, isto é, de efetiva peregrinação. Em ambos os casos corresponde plenamente a ideia de Igreja aberta, em contínua transformação, que se desloca e estende a mão aos pecadores, muito cara a este pontífice. E, na comunicação de Francisco, o ato linguístico – declarar um jubileu – e o gesto simbólico – abrir a porta santa – constituem elementos de grande força e coerência em relação à sua mensagem global. Portanto, o jubileu extraordinário convocado para o ano de 2016 foi entendido como um dom: ao povo dos fiéis, à cidade de Roma, a um mundo que tem necessidade de voltar a refletir sobre as próprias carências.

Do dom ao gesto: abertura, encontro e comunicação *social*

Papa Francisco nunca se cansa de sugerir novas estradas a percorrer, de compreender a sua própria função como a de uma espécie de "enzima" capaz de ativar processos de transformação, em contínuo diálogo entre si mesmo e a realidade. Uma das chaves desse diálogo é outro conceito fundamental que concerne ao campo semântico do dom: o de "abertura". Dar significa abrir-se, abrir um crédito ao outro, retirar alguma coisa de si e compreender alguma coisa da pessoa a quem doamos, e esperar de retorno uma análoga abertura, a da recepção, do acolhimento do dom. Não deve haver forçosamente troca econômica. Também na gratuidade existe intercâmbio, passagem. E a abertura é uma das categorias do discurso predileto de Bergoglio:

> Quando a Igreja se fecha, adoece, fica doente. Imaginai um quarto fechado durante um ano; quando se entra nele, cheira a mofo e há muitas coisas que não estão bem. A uma Igreja fechada sucede o mesmo: é uma Igreja doente. A Igreja deve sair de si mesma. Para onde? Para as periferias existenciais, sejam elas quais forem... mas sair. Jesus nos diz: "Ide pelo mundo inteiro! Pregai! Dai testemunho do Evangelho!" (cf. Mc 16,15). Entretanto, o que acontece quando alguém sai de si mesmo? Pode suceder aquilo a que estão sujeitos os que saem de casa e vão estrada afora: um acidente. Mas eu vos digo: prefiro mil vezes uma Igreja acidentada, caída por um acidente, do que uma Igreja doente por fechamento! Ide para fora, saí! [...] E não esqueçais: não queremos uma Igreja fechada, mas uma Igreja que sai, que vai às periferias da existência. Que o Senhor nos guie nelas[62].

Portanto, é através da ideia de abertura que o conceito de dom se entrelaça com o conceito de serviço. Papa Francisco muitas vezes em seus discursos e em suas homilias explicita a sua concepção de Igreja para "fora" e a serviço do Evangelho nas periferias, declarando abertamente que a Igreja cumpre sua missão no mundo "quando o Evangelho que pregamos chega à sua vida cotidiana, quando desce como o óleo de Aarão até as bordas da realidade, quando ilumina as situações-limite, 'as periferias' onde o povo fiel é mais exposto à invasão dos que querem saquear a sua fé"[63].

Percebe-se com clareza nestas palavras o eco da formação do pontífice no interior da cultura latino-americana, da qual ele se alimenta para "contaminar" a Igreja com uma carga nova,

---

62 FRANCESCO. Veglia di Pentecoste con i movimenti, le nuove comunità, le associazioni e le aggregazioni laicali, 18/05/2013.

63 FRANCESCO. Omelia per la santa messa del Crisma, 28/03/2015.

convidando pastores, sacerdotes e bispos a "sair para experimentar a nossa unção, o seu poder e a sua eficácia redentora: nas 'periferias' onde há sofrimento, sangue derramado, cegueira que deseja ver, prisioneiros de tantos maus patrões"[64]. Sua ideia é a de uma Igreja que deva ir além de uma natureza de instituição distribuidora de sacramentos, ou, pior ainda, um tribunal de código ético e moral separado da realidade e dos seus dilemas. Papa Francisco não acha confiável um "sacerdote que sai pouco de si"; uma Igreja que não frequenta as periferias oferece um modelo de ministério que torna os "padres tristes, transformados em uma espécie de colecionadores de antiguidades ou de novidades, ao invés de pastores com 'o odor das ovelhas'"[65].

A dimensão de abertura e de contato é enfatizada pela intolerância de papa Francisco a qualquer ideia separatista, incluídas aqui as cometidas com as sempre crescentes exigências de segurança. O pontífice se recusa a se deslocar sobre um papa-móvel blindado; prefere automóveis populares – continua célebre a Fiat 500L© com a qual ele se apresentou na Casa Branca – e pede para poder encontrar e abraçar o povo toda vez que for possível. Depois da missa solene de inauguração de seu pontificado, no dia 19 de março de 2013, ele surpreendeu a todos fazendo parar o Jeep© na Praça de São Pedro, a fim de descer e abraçar um portador de necessidades especiais. Alguns meses depois, sempre durante uma quarta-feira apinhada na Praça de São Pedro, ele abraçou um homem com o rosto completamente desfigurado por uma doença. Como não teme a contaminação das linguagens e das formas comunicativas, para chegar com mais imediatez à mente

64 Ibid.

65 Ibid.

e ao coração das pessoas, papa Francisco também não teme a contaminação ou os perigos do mundo físico.

Nem por isso, porém, ele desdenha o mundo virtual, embora continue a se declarar estranho ao universo tecnológico: "É outra cultura. Sinto-me bisavô. Hoje, ao despedir-me, um policial, grande, devia ter uns quarenta anos, me disse: 'Faço uma *selfie*'. Eu lhe respondi: 'És um adolescente!' Sim, é outra cultura, mas a respeito"[66], declarou o pontífice a propósito da prática da *selfie*.

Com a perspicácia comunicativa que já individuamos em inúmeras ocorrências, papa Francisco, porém, leu corretamente o nosso presente, caracterizado por uma nova ideia de comunicação baseada em um proceder velocíssimo de novos horizontes e novas mídias. Uma linguagem repetida que voa na velocidade de um *click*, de um tweet, de um breve conjunto de locuções que a cada momento e a cada instante deslizam rapidamente diante de nossos olhos, entre os dedos de nosso tablet ou de nosso smartphone. E, sobretudo, uma linguagem que, como nunca antes, consente o diálogo entre emissor e receptor, não obstante sua exposição aos equívocos, às interpretações distorcidas, às esquizofrenias comunicativas que podem dar origem à corrupção da própria mensagem.

Hoje, as novas tecnologias representam um grande recurso também para a evangelização. Realidade muito mais verdadeira para o mundo missionário, sempre em busca de instrumentos mais idôneos para alcançar pessoas e populações inteiras às vezes inacessíveis. E não poderia ser diferente, já que nada deve ser descartado quando se pretende levar a todos a Palavra de

---

66 FRANCESCO. Conversazione con i giornalisti durante il viaggio di ritorno da Asunción a Roma, Viaggio Apostolico in Ecuador, Bolivia e Paraguay, 13/07/2015.

Deus. Portanto, se nos perguntassem por que, em última análise, a Igreja e os cristãos devem estar presentes em rede, a resposta seria simples: Porque a Igreja é chamada a estar onde estão os homens, e hoje os homens vivem também no ambiente digital. Invocando a reflexão de Bento XVI, é importante lembrar que

> a função de quem, como consagrado, trabalha nas mídias, é a de abrir a estrada a novos encontros, garantindo sempre a qualidade do contato humano e a atenção às pessoas e às suas verdadeiras necessidades espirituais; oferecendo aos homens que vivem este nosso tempo "digital" os sinais necessários para reconhecer o Senhor; dando a oportunidade de educar-se na expectativa e na esperança de aproximar-se da Palavra de Deus, que salva e favorece o desenvolvimento humano integral. Esta poderá, assim, *fazer-se ao largo* dos vários cruzamentos criados no emaranhado das rodovias que trafegam o *cyberespaço* e afirmar o direito de cidadania de Deus em cada época [...]. Esta é uma das estradas na qual a Igreja é chamada a exercitar uma "diaconia da cultura" no "moderno ambiente digital". [...] Como o profeta Isaías chegou a imaginar uma casa de oração para todos os povos (cf. Is 56,7), talvez seja possível considerar que a web possa abrir espaço – como o "cortejo dos gentios" do Templo de Jerusalém – também àqueles para os quais Deus é ainda um desconhecido?[67]

Se Francisco aprecia as *mídias sociais*, a própria rede mostra interesse por ele, se levarmos em conta que seu nome é o mais procurado nos sites de busca, e que suas páginas *sociais* estão entre as mais seguidas. A popularidade do papa Francisco não se resume a ela mesma, mas se estende à sua capacidade inata de formar opinião através de mensagem, multiplicando-a de maneira exponencial e disseminando-a, revelando-se muito mais eficaz do que tantos outros responsáveis por trabalhos que

---

67 BENEDETTO XVI. Messaggio per la XLIV Giornata mondiale delle comunicazioni sociali *Il sacerdote e la pastoral nel mondo digitale*. Op. cit.

fundam sua visibilidade na comunicação via web. Seus tweets, seus vídeos não são lidos apenas passivamente, mas criam uma contínua troca de opiniões. Esse sucesso, de fato, não é casual, mas brota de um profundo conhecimento e consciência da natureza desses instrumentos, pois o uso que Bergoglio faz deles é de tipo comunicativo, que não quer excluir ninguém, que pretende ouvir todo mundo, fazendo do contexto midiático um lugar autêntico de intercâmbio e de diálogo.

Não obstante isso, o papa Francisco está longe de aceitar acriticamente – longe de ser um "perfeito" integrado, para usar a célebre categoria de Umberto Eco[68] – as implicações mais profundas da comunicação *social*. Ele, por exemplo, refuta categoricamente a ideia de que ela possa ser suficiente, de que no contato e na conversação virtual possa esgotar-se a interação entre as pessoas. Ele sugere uma pausa para refletir, e insiste em nunca adiar nossa estreita relação com a realidade, já que o Evangelho é feito de realidade. Somente no intercâmbio com o real a velocidade de uma mídia *social* pode tornar-se um meio de ação focado, e não um falatório qualquer: "Que a nossa luminosidade não derive de truques ou efeitos especiais, mas do fazer-nos próximos, com amor, com ternura, de quem encontramos ferido pelo caminho. Não tenhais medo de vos fazerdes cidadãos do ambiente digital"[69].

Não apenas na práxis, mas também nas modalidades relacionais e comunicativas papa Francisco está a anos-luz das cortes

---

68 Cf. VIGANÒ, D.E. Il Centro Televisivo Vaticano, il Papa e la Chiesa in Ultra HD e 3D, in Apocalittici e inegrati 50 anni dopo. Dove va la televisione, *I Quaderni di Confindustria Radio Televisioni*, I. Soveria Mannelli (CZ): Rubbenttino, 2015, p. 104-118.

69 FRANCESCO. Messaggio per la XLVIII Giornata mondiale delle comunicazioni sociali *Comunicazione al servizio di un'autentica cultura dell'incontro*, 24/01/2014.

e das formas de adulação. Seu paradigma comunicativo não é adequar-se de maneira reconfortante e sedutora aos seus ouvintes; ele não se move favorecendo o primado do público para o qual "o estilo com o qual é levada uma notícia acaba sendo mais importante do que a própria notícia"[70], expondo-se, portanto, a êxitos deletérios. Ele, ao contrário, procura transmitir as perguntas mais profundas e radicadas no coração de um homem e de uma mulher, não para lhes propor verdades conceituais, mas possíveis percursos de existência. É por esse motivo que o papa não tem nenhum tema excluído de sua agenda, assim como ele não tem respostas preconcebidas fora de uma situação relacional concreta. De sua palavra emerge não somente a função testemunhal, mas também sua paixão, a fim de que o Evangelho seja palavra de novidade, de consolação e de salvação para cada questão do humano.

Papa Francisco foi, desde o início, capaz de interpretar a lógica da partilha e da viral contaminação típica das mídias digitais[71]. Para Bergoglio a rede deve ser considerada uma grande oportunidade, sobretudo enquanto lugar de encontro possível de milhares de periferias existenciais que têm necessidade de vir à luz. Nos ambientes virtuais podemos nos empenhar em dar voz a quem não a tem, nos aproximar de contextos que seriam difíceis ou impossíveis de encontrar de outra maneira, fazer experiência do mundo e das suas misérias e responder a uma vocação humana:

> A rede digital pode ser um lugar rico de humanidade: não uma rede de fios, mas de pessoas. A neutralidade dos *mass-media* é só aparente: só pode constituir um ponto de referência quem comunica

---

70 FABRIS, A. *Etica della comunicazione*. Roma: Carocci, 2006, p. 81.

71 Cf. PEVERINI, P. *Social Guerrilla* – Semiotica della comunicazione non convenzionale. Roma: Luiss University Press, 2014.

> colocando-se em jogo. O envolvimento pessoal é a própria raiz da fiabilidade de um comunicador. É por isso mesmo que o testemunho cristão pode, graças à rede, alcançar as periferias existenciais[72].

Contanto que, naturalmente, não somente virtual e, sobretudo, não somente declarado em palavras permaneça o nosso empenho pessoal, porque, como vimos e ainda veremos, para o papa Francisco são fundamentais o andar no mundo, o sujar-se as mãos, o entrar no jogo pessoalmente na mais simples e na mais complexa das dimensões da relação, o encontro:

> Não basta circular pelas "estradas" digitais; isto é, simplesmente estar conectados. É necessário que a conexão seja acompanhada pelo encontro verdadeiro. Não podemos viver sozinhos, fechados em nós mesmos. Precisamos amar e ser amados. Precisamos de ternura. Não são as estratégias comunicativas que garantem a beleza, a bondade e a verdade da comunicação[73].

72 FRANCESCO. Messaggio per la XLVIII Giornata mondiale delle comunicazioni sociali *Comunicazione al servizio di un'autentica cultura dell'incontro*. Cit.

73 Ibid.

3

Das encíclicas às viagens

Devemos nos preparar para a luta espiritual [...]. Um cristianismo, se não é revolucionário neste tempo, não é cristão! Deve ser revolucionário pela graça! Exatamente a graça que o Pai nos dá através de Jesus Cristo crucificado, morto e ressuscitado[1].

A função simbólica do empenho nos grandes temas

> O pensamento que nos é contemporâneo e com o qual, queiramos ou não, pensamos, é ainda amplamente dominado seja pela impossibilidade, posta em evidência no final do século XVIII, de fundar as sínteses no espaço da representação, seja pela exigência correlativa, simultânea, mas logo divergente, de fechar o campo transcendental da subjetividade e de constituir, ao contrário, além do objeto, os "quase transcendentais" que para nós são a vida, o trabalho, a linguagem[2].

Assim Foucault sintetiza um aspecto tão crucial quanto problemático da identidade contemporânea: tudo aquilo que nos cir-

1 FRANCESCO. Discorso ai partecipanti al Convegno ecclesiale della diocesi di Roma, 17/06/2013.

2 FOUCAULT, M. *Les mots et les choses* – Une archéologie des sciences humaines. Paris: Gallimard, 1966 [Trad. it.: *Le parole e le cose* – Un'archeologia delle scienze umane. Milão: Rizzoli, 1967, p. 271].

cunda é representação e narração, *métarécit*[3], mas ao mesmo tempo aquilo que é significativo para nós existe *fora de nós*, é algo do qual devemos nos aproximar, na lógica do diálogo e do encontro.

De um lado, um sistema coerente e autossuficiente de símbolos, e de outro uma "objetualidade" que se coloca como externa; uma ambivalência conatural à relação do homem com o mundo que, no agir do papa Francisco, se traduz em acordo de coerência a respeito da própria profissão de fé e, ao mesmo tempo de concretude, em constante atenção aos fatos da realidade e às dinâmicas históricas, políticas e sociais. Este é um dos traços que Bergoglio debita à sua formação inaciana e que desde o início o impulsionou a entrar no mérito de questões pesadas. Imigração, trabalho, meio ambiente, diálogo inter-religioso, inclusão social, pobreza e condição dos últimos são temas que ele enfrenta sem rodeios e reservando a eles um espaço de absoluto relevo em seu discurso público.

Ele também aborda esses temas na já citada entrevista à Rádio Renascença, mostrando com a sua síntese o quanto as questões individuais não podem ser enfrentadas separadamente, mas entendidas como parte de um complexo sistema disfuncional:

> [O fenômeno migratório] é a ponta de um *iceberg*. Vemos esses refugiados, esta gente pobre que foge da guerra, que foge da fome, mas é somente a ponta do *iceberg*. Por baixo existe a causa. E a causa é um sistema econômico, malvado, injusto, porque no centro de um sistema econômico, no centro de tudo, no centro do mundo, para falar do problema ecológico, no centro da sociedade socioeconômica, no centro da política, no centro deve estar sempre a pessoa humana. E o sistema socioeconômico domi-

3 LYOTARD, J.-F. *La condition postmoderne* – Rapport sur le savoir. Paris: De Minuit, 1979 [Trad. it.: *La condizione postmoderna* – Rapporto sul sapere. Milão: Feltrinelli, 2014 [1. ed., 1981]].

> nante de hoje descentrou a pessoa, e no centro está o dinheiro, está o ídolo da moda. [...] Onde a causa é a fome é preciso criar fontes de trabalho, investimentos. Onde a causa é a guerra é preciso buscar a paz, empenhar-se pela paz. Hoje em dia o mundo está em guerra – como eu sempre digo: guerra por capítulos, guerra por episódios –, mas também está em guerra contra a terra, porque está destruindo a terra, isto é, a nossa casa comum, o ambiente[4].

Esses temas, constantemente presentes nas reflexões públicas e nas meditações cotidianas de Bergoglio, encontram uma exposição sistemática e completa na encíclica *Laudato si'*, publicada em maio de 2015, e também se tornaram o coração dos discursos que o pontífice fez durante as viagens apostólicas de seu terceiro ano de pontificado: as do Equador, Bolívia e Paraguai em julho, e as de Cuba e Estados Unidos em setembro.

Os discursos feitos nos Estados Unidos, no entanto, assumiram um valor histórico particularmente importante porque, na saudação feita ao então presidente Barack Obama, na Casa Branca, Francisco lembrou os imigrantes, levando como testemunho um traço de sua vivência:

> Como filho de uma família de imigrantes, sinto-me feliz por ser hóspede nesta nação que foi construída em grande parte por famílias semelhantes. [...] Os católicos americanos, juntamente com seus concidadãos, estão comprometidos na construção de uma sociedade que seja verdadeiramente tolerante e inclusiva, na defesa dos direitos dos indivíduos e das comunidades, e na rejeição de qualquer forma de discriminação[5].

---

4 Francesco intervistato da Aura Vistas Miguel a Rádio Renascença, il 14/09/2015 [VIGANÒ, A.V. Entrevista ao Papa. "Tenho confiança nos políticos jovens. Há um problema mundial que é a corrupção" [Trad. it.: L'Europa torni a essere madre. In: *L'Osservatore Romano*, 14-15/09/2015]].

5 FRANCESCO. Discorso al South Lawn della Casa Bianca, 23/09/2015.

Após estas considerações preliminares, porém, o papa passou para outro assunto que lhe é muito caro, a emergência ecológica, e o fez citando diretamente a palavra de sua encíclica:

> A mudança climática já não pode ser um problema deixado à geração futura. A história nos colocou em um momento crucial quanto ao cuidado da nossa "casa comum". Mas estamos ainda a tempo de empreender mudanças que assegurem "um desenvolvimento sustentável e integral, pois sabemos que as coisas podem mudar" (Encíclica *Laudato si'*, 13). São mudanças que exigem de nós um reconhecimento sério e responsável do tipo de mundo que podemos deixar não só aos nossos filhos, mas também àqueles milhões de pessoas sujeitos a um sistema que as tem negligenciado. A nossa casa comum é parte desse grupo de excluídos que brada ao céu e que hoje bate com força às portas de nossas casas, cidades, sociedade. Retomando as sábias palavras do reverendo Martin Luther King, podemos dizer que estivemos em falta quanto a alguns compromissos e, agora, chegou o momento de honrá-los[6].

Percebemos nesse discurso a abundância de termos relativos ao campo semântico do habitar: a nação "edificada" por "famílias", a nossa "casa comum", a referência aos "filhos", o ato de "bater com força às portas das nossas casas". O discurso, ao tratar de um tema tão multifacetado e complexo, situa-se em um ambiente semântico de absoluta exequibilidade e cotidianidade; o da casa. É esta, como o veremos nas páginas seguintes, a característica fundamental do discurso "oficial" de Bergoglio, aquele que se desenrola nas encíclicas e aparece nas viagens oficiais. Papa Francisco, de fato, sabe muito bem que, assim como a linguagem é símbolo, o trabalho também o é, assim como também o são a riqueza, o ambiente e toda forma de convivência humana. Sua escolha dos temas a en-

6 Ibid.

frentar, e a maneira de enfrentá-los, é, acima de tudo, um trabalho de *framing*; o contexto no qual serão apresentados (quer seja geográfico ou editorial) fundará sua eficácia como atos linguísticos, e o quadro simbólico de referência orientará a narração e sua recepção pelos públicos que, de Roma a Quito, de Havana a Nova York, são caracterizados por impostações culturais, tendências ideológicas e agendas políticas muito diversas.

Durante sua viagem à América do Norte Francisco também falou ao Congresso. Mais uma vez ele escolheu palavras de grande força simbólica, levando ao coração da política nacional as instâncias da não política, aquelas dos não representados, dos últimos, dos desvalidos. Portanto, levou ao interior do símbolo da própria cidadania a voz dos que não têm cidadania. É também, graças a essa escolha contextual de incontestável força, para além da força de suas próprias palavras, seu discurso suscitou a comoção de muitos (dentre os quais, John Boehner, *speaker* da Câmara dos representantes, filmado com os olhos lacrimejando), sendo repetidamente interrompido pelas *standing ovations* que a plateia lhe reservou.

Na ocasião Bergoglio lembrou Martin Luther King e suas batalhas civis. Mas foi à paz mundial que reservou o espaço mais importante, bem como as frases mais incisivas, porque as verdadeiras vítimas das guerras são os últimos:

> Estar a serviço do diálogo e da paz significa também estar verdadeiramente determinado a reduzir e, a longo prazo, pôr termo a tantos conflitos armados em todo o mundo. Aqui devemos nos interrogar: Por que motivo se vendem armas letais àqueles que têm em mente infligir sofrimentos inexprimíveis a indivíduos e sociedade? Infelizmente a resposta, como todos o sabemos, é apenas esta: Por dinheiro; dinheiro que está impregnado de sangue, e muitas vezes de sangue inocente. Perante esse silêncio ver-

gonhoso e culpável é nosso dever enfrentar o problema e deter o comércio de armas[7].

A força das palavras do papa Francisco, como teremos a oportunidade de ver na parte dedicada às suas viagens apostólicas, sempre depende também do contexto no qual ele as profere, e sobre este tema tornou a se expressar de modo ainda mais incisivo depois dos atentados de Paris de 13 de novembro de 2015, seja durante o *Angelus* do domingo seguinte, mas, ainda muito mais, em uma homilia feita uma semana depois dos trágicos fatos:

> Uma vez [narra o papa] Jesus disse: "Não podemos servir a dois senhores: ou Deus ou as riquezas". E "a guerra é exatamente a escolha das riquezas: 'Façamos armas, assim a economia se equilibra um pouco, e vamos em frente com o nosso lucro'" [...]. Existe uma palavra feia do Senhor: "Malditos!" Mas Ele também disse: "Benditos os operadores da paz". Portanto, "aqueles que operam a guerra, que fazem as guerras, são malditos, são delinquentes". Uma guerra [...] "pode ser justificada – entre aspas – com muitas e muitas razões. Mas quando o mundo todo, como hoje, está em guerra – o mundo inteiro! –, trata-se de uma guerra mundial em pedaços: aqui, ali, acolá, por toda a parte". E "não existe justificação. E Deus chora. Jesus chora"[8].

Essas palavras ecoaram o discurso feito só há alguns meses antes no Congresso Americano, que já continha uma síntese de condenação de todos os "operadores de guerra".

No entanto, a viagem aos Estados Unidos também constituiu um momento crucial por outro aspecto, que nos remete à biografia de Bergoglio. Nos Estados Unidos se encerrou de fato um ideal percorrido, iniciado com as visitas à América do Sul

---

7 FRANCESCO. Discorso all'Assemblea plenaria del Congresso degli Stati Uniti d'America, 24/09/2015.

8 FRANCESCO. Meditazione mattutina Domus Sanctae Marthae, 19/11/2015. In: *L'Osservatore Romano*, 20/11/2015.

(Equador, Bolívia e Paraguai), passando por Cuba, etapa de particular valor simbólico. De fato, por sua história, a ilha sempre se constituiu em uma espécie de elemento de interligação, uma ponte entre o norte e o sul de todo o continente, o mesmo do qual procede este pontífice, e esta é a primeira vez na história da Igreja. Se Karol Wojtyla foi o primeiro estrangeiro após quase cinco séculos de pontífices italianos, Bergoglio é o primeiro que chega não só de uma nação não europeia, mas quase da parte oposta do planeta, do "fim do mundo", exatamente como ele mesmo o disse ao apresentar-se como papa.

Simplicidade e inclusão: as viagens apostólicas

Todos os pontífices viajam, mas para o papa Francisco a viagem se inscreve no mesmo estilo comunicativo que até aqui analisamos, caracterizado pela simplicidade, pela abertura e por uma forte atenção ao valor simbólico dos contextos e das palavras. A viagem, em última análise, mostra por si mesma uma profunda riqueza simbólica, em sua reprodução do eterno circum-navegar do homem ao redor do arquipélago de sua própria finitude, ou também – mais profundamente – aquela *passagem* que é a dimensão mais própria da experiência do divino na história do homem.

Na viagem – como o veremos mais adiante – o homem encontra a si mesmo, o outro homem e, ao mesmo tempo, o seu Deus que o precede, que o acompanha e que o reencaminha em unidade às sendas interrompidas.

O acento sobre o aspecto ecumênico da viagem é um traço que o pontífice tem em comum com São Francisco, que na época da quinta cruzada, entre 1217 e 1221, colocou-se pessoalmente a caminho e enfrentou uma viagem de centenas de quilômetros, por mar e por terra, a fim de dialogar com o sultão do Egito, al-Malik al-Kamil. Ele decidiu partir após o insucesso de seus coirmãos em Marrocos. Não tendo feito outra coisa senão proclamar a grandeza da religião cristã, sem nunca colocar-se à escuta ou abrir-se a uma reflexão sobre o Islã e sobre o seu profeta, esses confrades de São Francisco foram postos na cadeia. São Francisco reuniu-se com al-Malik al-Kamil na cidade de Damietta, a poucos quilômetros de distância do Cairo, que era o objetivo principal da cruzada; tomá-la significaria controlar o Nilo e, portanto, o Egito, território de onde se partiria em seguida para a conquista da Palestina. A al-Malik al-Kamil, irmão de Saladino, líder do exército, símbolo da resistência muçulmana às cruzadas, era confiada a defesa da pequena cidade, e por isso São Francisco foi até ele na tentativa de fazê-lo desistir da guerra e convertê-lo à paz.

São Francisco conduziu o encontro sob o signo do diálogo, da abertura e do debate; não raciocinou de acordo com as comparações intelectuais, teológicas e políticas próprias de seu tempo, mas colocou-se num plano de escuta que tornou possível o diálogo entre sua sensibilidade religiosa e a do seu interlocutor. Aos olhos dos contemporâneos essa posição poderia parecer pouco compreensível, além de perigosa, e assim como o sucesso da iniciativa não foi de fato a conversão do interlocutor ou sua rendição, ela foi percebida como falência. Vista em outra perspectiva, porém, com aquele ato comunicativo com o qual São Francisco se fez promotor de um encontro entre o Evangelho e o Alcorão, ele demonstrou desde então que uma comunicação e um diálogo intercultural e inter-religioso eram possíveis. O mesmo diálogo do qual se fez portador de maneira significativa João Paulo II em 1986, com o encontro inter-religioso organizado justamente em Assis.

Também o papa Bergoglio se empenhou pela causa do diálogo inter-religioso e da paz, compartilhando com o santo de Assis uma visão cristocêntrica. Esta também é uma chave imprescindível para compreender este pontífice, como o sugere o biblista protestante Marcelo Figueroa, amigo seu de longa data:

> Se menosprezarmos as páginas que contêm os evangelhos, jamais o compreenderemos adequadamente. Aqui está a fonte de seu particularíssimo modo de comunicar. As encíclicas, as homilias, os discursos, os gestos, o estilo de vida de Francisco, e, sobretudo, os seus pensamentos mais profundos, estão radicados naquelas páginas. [...] Jesus ousou atravessar fronteiras com surpreendente liberdade e espontaneidade. Ele o fez honrando o primeiro mandamento de amor a Deus e ao próximo. Teve a coragem de tocar os doentes de lepra e até mesmo o caixão do filho da viúva de Naim; deixava que a multidão se comprimisse ao seu redor, e no meio dela curou uma mulher com uma doença que a considerava impura. Como exemplos concretos de encontros entre profissões de fé diferentes, Jesus reconheceu publicamente a fé de uma mulher siro-fenícia e teve uma animada conversação teológica com uma samaritana. Compreende-se, pois, a razão pela qual Francisco, em nome desse amor cristocêntrico, subverte os protocolos de segurança para aproximar-se pessoalmente de quem sofre. É impossível não pensar que a misericórdia tenha sido desde o início uma grande palavra cujo significado e conteúdo mais profundo Bergoglio aprendeu e interiorizou daqueles gestos do Messias que, para alguns, desafiou o politicamente correto. Por que não pensar que a sua insistente aproximação de outras religiões, sobretudo daquelas nascidas do tronco de Abraão, seja uma correta interpretação da missão cristológica mais pura?[9]

9 FIGUEROA, M. Radicato nel Vangelo – Per comprendere Papa Bergoglio. In: *L'Osservatore Romano*, 05/11/2015.

Nesse sentido devem ser lidas muitas de suas iniciativas, como, por exemplo, a visita à sinagoga de Roma em janeiro de 2016, e mais ainda a viagem apostólica à Terra Santa em 2014, por ocasião dos cinquenta anos da histórica viagem de Paulo VI, no encontro com o patriarca Atenágora. Surgido de seu desejo de promover o diálogo em uma terra dilacerada, esse gesto teve continuidade poucas semanas depois no Vaticano, na oração pela paz rezada junto ao presidente israelense Shimon Peres e ao presidente palestino Mahmoud Abbas, além do patriarca Bartolomeu. Nessa ocasião Bergoglio sublinhou:

> Agradeço-vos do fundo do coração por terdes aceitado o meu convite para vir aqui a fim de, juntos, implorarmos de Deus o dom da paz. Espero que este encontro seja um caminho em busca do que une para superar aquilo que divide. [...] A vossa presença, Senhores Presidentes, é um grande sinal de fraternidade, que realizais como filhos de Abraão, e expressão concreta de confiança em Deus, Senhor da história, que hoje nos contempla como irmãos uns dos outros e deseja conduzir-nos pelos seus caminhos. Este nosso encontro de imploração da paz para a Terra Santa, o Oriente Médio e o mundo inteiro é acompanhado pela oração de muitíssimas pessoas, pertencentes a diferentes culturas, pátrias, línguas e religiões; pessoas que rezaram por este encontro e agora estão unidas conosco na mesma imploração. É um encontro que responde ao ardente desejo de quantos desejam a paz e sonham com um mundo no qual homens e mulheres possam viver como irmãos e irmãs, e não como adversários ou inimigos[10].

Bergoglio se faz em cada circunstância promotor de uma mensagem de paz, outra temática que o une ao santo de Assis e que talvez, na interpretação da figura deste último, acabou se

---

10 FRANCESCO. Invocazione per la pace – Giardini Vaticani, 08/06/2014.

tornando predominante, em detrimento de outro aspecto igualmente relevante:

> Na ideia de muitos, São Francisco aparece associado à paz; está certo, mas poucos vão em profundidade. Qual é a paz que Francisco acolheu, viveu e nos transmite? A paz de Cristo, que passou através do maior amor, o da cruz. É a paz que Jesus ressuscitado deu aos discípulos quando apareceu no meio deles (cf. Jo 20,19.20)[11].

Também em São Francisco, em suma, como em Bergoglio, está sempre presente a referência a Jesus e sua participação na dor humana expressa através do martírio na cruz. Então, o crucifixo se torna símbolo da fé cristã, capaz de comunicar o poder do olhar misericordioso de Deus.

Durante sua visita à cidade de Úmbria em 2013, falando da relação do santo de Assis com a figura de Jesus, Bergoglio disse:

> De onde começa o caminho de Francisco para Cristo? Começa do *olhar de Jesus na cruz*. Deixar-se olhar por Ele no momento em que dá a vida por nós e nos atrai para Ele. Francisco fez essa experiência, de um modo particular, na pequena igreja de São Damião, rezando diante do crucifixo, que também poderei venerar hoje. Naquele crucifixo, Jesus não se apresenta morto, mas vivo! O sangue escorre das feridas das mãos, dos pés e do peito, mas aquele sangue exprime vida. Jesus não tem os olhos fechados, mas abertos, bem abertos; um olhar que fala ao coração. E o crucifixo não nos fala de derrota, de fracasso; paradoxalmente fala-nos de uma morte que é vida, que gera vida, porque nos fala de amor, porque é o Amor de Deus encarnado, e o Amor não morre; antes, derrota o mal e a morte. Quem se deixa olhar por Jesus crucificado fica recriado, torna-se uma "nova criatura". E daqui tudo começa; é uma experiência da Graça que transforma, da experiência de sermos amados sem mérito algum, mesmo sendo pecadores. Por isso, Francisco

11 FRANCESCO. Omelia per la visita pastorale ad Assisi, 04/10/2013.

> pode dizer como São Paulo: "Quanto a mim, de nada quero me gloriar, a não ser na cruz de Nosso Senhor Jesus Cristo" (Gl 6,14)[12].

Não é de admirar, portanto, que um texto muito significativo do papa Francisco, a encíclica na qual aborda os temas a ele mais caros e de sabor mais decisivamente evangélico, da luta contra a pobreza à salvaguarda do meio ambiente, tenha em São Francisco sua primeira e explícita inspiração.

Laudato si': uma encíclica entre poesia e advertência

A segunda encíclica do papa Francisco é sem dúvida o texto de seu pontificado que mais gerou discussões, já que ele coloca com firmeza o problema da "ecologia social" no mundo contemporâneo. Iluminando a questão da relação entre meio ambiente e sociedade em uma ótica não científica, mas pastoral, desde sua publicação o texto se tornou objeto de discussão em todo o globo.

Ele coloca o problema - acabamos de afirmar –, mas desde o próprio título o faz em termos não banais, com a intenção de deslocar e de reorientar as desgastadas categorias interpretativas com as quais estamos acostumados a nos aproximar de problemas sempre mais urgentes e não resolvidos, como os do meio ambiente e da injustiça social. O título da encíclica, na realidade, provém do *Cântico das Criaturas*, de São Francisco de Assis, o texto poético mais antigo da literatura italiana. Trata-se de um verdadeiro hino de louvor a Deus, um denso emaranhado de vida e natureza, de reflexão e narração. A poesia do santo de Assis é permeada por uma visão positiva da natureza, dada da imagem refletida do Criador na própria criação, origem do

---

12 Ibid.

sentido de fraternidade entre o homem e toda a criação. Antes de ser um grito de denúncia daquilo que não funciona, portanto, a encíclica do papa Francisco é um canto de agradecimento por toda a beleza e bondade que nos rodeia; uma estratégia textual, sem dúvida eficaz e original. O que pode produzir, de fato, a opção de se concentrar nas feiuras e perigos, a não ser o desamor e o desânimo? Mas focalizando a atenção na beleza do criado abre-se uma cortina sobre a beleza a defender. Argumenta-se que o dever de nos empenharmos na conservação da criação não é assumido, mas é justamente essa escolha de impostação que garante ao texto um impacto superior a qualquer denúncia.

Atingir a linguagem e o imaginário de um santo como Francisco, o santo da pobreza, mas também da fraternidade, constitui outra escolha narrativa forte: não só devemos nos empenhar em favor do meio ambiente, mas fazê-lo *todos juntos*; a moldura franciscana traduz na atualidade a necessidade de fraternidade que fundou a revolução do santo de Assis. Colocando-se em continuidade com tudo aquilo que a Igreja e os seus predecessores fizeram principalmente no século XX para melhorar a relação da humanidade com a criação, papa Francisco sublinha que "precisamos de um debate que una todos nós, porque o desafio ambiental que vivenciamos e as suas raízes humanas dizem respeito e têm impacto sobre todos nós"[13].

Um convite inclusivo é o do papa Francisco com a *Laudato si'*, dirigido a todos os que habitam a casa comum: crentes, não crentes ou que professam outras religiões. Como também o sublinhou Carlo Petrini, presidente e fundador da Slow Food,

> o Santo Padre Francisco [...] afirma ter realizado uma "reflexão conjuntamente alegre e dramática". Sin-

13 FRANCESCO. Lettera enciclica *Laudato si'*, 24/05/2015, n. 14.

> to-me à vontade para dizer, porém, que é a alegria que prevalece – e o afirmo como leitor não crente –, ainda que os pressupostos sejam profundamente dolorosos. É a alegria de poder crer em uma mudança revolucionária e em uma nova humanidade. [...] Francisco se dirige a todos, como fez João XXIII na *Pacem in Terris* em 1963, que dedicou o escrito "a todos os homens de boa vontade". Forte é o convite ao diálogo entre religiões, entre ciência e religião, entre saberes tecnológicos (e tecnocráticos) e sabedorias antigas, entre paradigmas e todos os homens. Ninguém se sente excluído[14].

Também a imprensa internacional sublinha o alcance universal da mensagem de Francisco. É "o mais surpreendente e talvez o mais ambicioso documento papal dos últimos cem anos, a partir do instante em que não é dirigido só aos católicos, aos cristãos, mas a todos os homens da terra"[15].

Sob o signo desse sentido de fraternidade papa Francisco se interroga depois sobre os valores que estão no fundamento da vida social: "Para que viemos a esta vida? Para que trabalhamos e lutamos? Por que esta terra tem necessidade de nós?"[16] Não são perguntas obviamente contingentes, mas perguntas basilares. Estamos no cruzamento entre reflexão e investigação do real, pois a interrogação sobre o sentido da própria ação terrena não é especulação vazia, mas fundamento da construção de uma nova sociedade baseada na necessidade de implementar mecanismos justos de partilha e de reflexão. Estamos vivendo em um planeta

---

14 PETRINI, C. Guida alla lettura. In: PAPA FRANCESCO. *Laudato si'* – Enciclica sulla cura della casa comune. Cinisello Balsamo (MI): San Paolo, 2015, p. 5-23, cit. p. 5, 8.

15 "Pope Francis's encyclical on climate change, *Laudato si'*, is the most astonishing and perhaps the most ambitious papal document of the past 100 years, since it is addressed not just to Catholics, or Christians, but to everyone on earth" (The Guardian View on Laudato si': Pope Francis Calls for a Cultural Revolution – Editorial. In: *The Guardian*, 18/06/2015 [Trad. do autor]).

16 FRANCESCO. Lettera enciclica *Laudato si'*, n. 160.

assolado pela negligência humana e filho de escolhas geopolíticas e econômicas que o deterioraram lentamente, criando sempre mais disparidade entre pobres e ricos. Essa lacuna deve ser preenchida, e o primeiro ato necessário é colocar-se à escuta dos últimos e de quem necessita de "cuidado".

Papa Francisco, como vimos no capítulo precedente, colocou desde o início as bases para um diálogo constante com os abandonados do mundo, convidando a ouvi-los também todos aqueles a quem ele se dirige: indivíduos, famílias, coletividades locais, nações e comunidade internacional, além, naturalmente, da Igreja. Na *Laudato si'* o pontífice dá expressão oficial ao fio condutor do ininterrupto diálogo *com* e *sobre* os últimos, enquadrando-o no mais amplo convite a uma "conversão ecológica", uma expressão já utilizada por João Paulo II.

A metáfora escolhida é mais uma vez a do "cuidado da casa comum":

> Nota-se uma crescente sensibilidade em relação ao meio ambiente e ao cuidado da natureza, e cresce uma sincera e sentida preocupação pelo que está acontecendo com o nosso planeta [...]. A humanidade tem ainda a capacidade de colaborar para construir a nossa casa comum [...] e o ser humano é ainda capaz de intervir positivamente [...]. Mas nem tudo está perdido, porque os seres humanos, capazes de tocar o fundo da degradação, podem também superar-se, voltar a escolher o bem e regenerar-se[17].

Enzo Bianchi observa que na *Laudato si'*

> papa Francisco conserva aquele estilo de escrita e aquela variedade de timbres e de citações que já haviam caracterizado a exortação *Evangelii Gaudium*. Assim, querendo insistir como a identidade de cada

17 Ibid., n. 19, 13, 58, 205.

um de nós está ligada também ao contexto natural no qual se viveu e vive, ele não só reitera que "solo, água, montanhas, tudo é carícia de Deus" (LS 84), mas parece voltar às lembranças ainda mais pessoais e que cada um de nós pode sentir como próprias: "Quem cresceu entre as montanhas, quem na infância se sentava junto ao riacho para beber, ou quem brincava numa praça de seu bairro, quando retorna a esses lugares sente-se chamado a recuperar a própria identidade" (ibid.). Além do mais, a "comunhão universal" na qual estamos envolvidos não é uma desordem fusional, mas um tecido de relações, memórias, histórias, paixões e solidariedade que abraçam não só os seres humanos, mas a criação inteira: "Tudo está relacionado, e todos nós, seres humanos, caminhamos juntos como irmãos e irmãs em uma peregrinação maravilhosa, entrelaçados pelo amor que Deus tem para cada uma das suas criaturas e que nos une também, com terna afeição, ao Irmão Sol, à Irmã Lua, ao Irmão Rio e à Mãe Terra" (92)[18].

Obviamente não se trata de um discurso confessional: a casa comum não é um lugar de culto, é um lugar de vida, de relações e de partilha. Assim como a emergência ecológica diz respeito a todos, o chamado a ocupar-se dela também compete a todos, e papa Francisco aplica em seu texto a estratégia mais inclusiva possível: "O mundo é algo mais do que um problema a resolver; é um mistério gozoso que contemplamos na alegria e no louvor [...]. Todos podemos colaborar, como instrumentos de Deus, no cuidado da criação, cada um a partir de sua cultura, experiência, iniciativas e capacidades"[19].

Basta, por outro lado, analisar, no primeiro capítulo da encíclica os pontos para os quais se acena e que atravessam toda a reflexão: poluição e mudanças climáticas, a questão da água e

18 BIANCHI, E. I Vangelo della creazione. In: *Vita Pastorale*, 08/08/2015, p. 18-19.

19 FRANCESCO. Lettera enciclica *Laudato si'*, n. 12, 14.

as guerras a elas associadas, o empobrecimento da biodiversidade e a deterioração da vida humana com a degradação social, a iniquidade planetária e o desafio da diversidade. Não se trata apenas de pontos candentes do debate contemporâneo, mas também e sobretudo das linhas de fratura sobre as quais todo o planeta se divide e corre o risco de quebrar-se: "A mudança é algo desejável, mas torna-se preocupante quando se transforma em deterioração do mundo e da qualidade de vida de grande parte da humanidade"[20]. Por isso, sobre esses temas torna-se necessário um pensamento de esperança.

A escolha do tema tratado na encíclica encontrou desde o início um grandíssimo interesse, já que ele desenha uma nova perspectiva espiritual cujas rotas de fuga principais vêm a ser, por um lado, as devastações sempre crescentes das mudanças climáticas e, por outro, o destino dos pobres e dos últimos, que são as primeiras vítimas dessas devastações.

> Eis o dilema entre natureza e pessoa, diante do qual a encíclica se encontrou: ou aproximar-se das posições da *Shallow Echology*, para salvaguardar o primado da pessoa [...] ou aprovar a tese da *Deep Echology*, com o risco de legitimar uma forma de biocentrismo que não deixa qualquer espaço à antropologia. [...] A perspectiva de fundo da *Laudato si'* foge desse falso dilema, sem assumir uma atitude prudentemente cautelosa e sem "jogar na defesa". Ao contrário, papa Francisco imposta o discurso de modo radical, graças a um duplo passo à frente: de um lado, sobre a vertente da natureza, ele assume integralmente a instância ecológica, que invoca uma abordagem global e integrada, sem deixar-se agradar por intervenções setoriais; de outro, [...] papa

20 Ibid., n. 18.

> Francisco diz de modo explícito que "não há ecologia sem uma adequada antropologia" (LS, 118)[21].

A argumentação assume, assim, uma clareza de efeito explosivo: a atenção aos sofrimentos dos últimos não é uma questão de caridade, mas de sobrevivência do planeta. Mais uma vez, recusando qualquer retórica e fazendo uma inversão prospectiva que sabe apresentar o problema sob uma luz diferente, papa Francisco deu renovado impulso a um debate que há tempo se arrastava ofegante pelas mesmas e doravante estéreis diretrizes ideológicas.

O *New York Times*, em um longo editorial, sublinha exatamente esta passagem argumentativa crucial do texto:

> Um aspecto considerável da encíclica é que ela se concentra substancialmente sobre aquilo que o papa denomina "a crise ecológica", e não sobre um único aspecto, como a poluição ou o aquecimento global. O papa está preocupado com todas as formas com as quais a humanidade está danificando o planeta, e, como tal, essa agressão ambiental está voltando como um *boomerang* para danificar a própria humanidade[22].

No texto encontramos contínuas exigências dessa atenção à relação entre homem e planeta, entre homem e criação, entre homem e natureza, apresentadas em todas as suas facetas e em todas as suas consequências:

> A relação íntima entre os pobres e a fragilidade do planeta, a convicção de que tudo está estreitamente

---

21 ALICI, L. Natura e persona: lo sguardo diverso di papa Francesco. In: NOTARSTEFANO, G. (org.). *Abiterai la terra. Commento all'enciclica* Laudato si'. Roma: AVE, 2015, p. 51-58, cit. p. 53-54.

22 "One remarkable aspect of the encyclical is that it focuses broadly on what he calls "The ecological crisis", and not just on a single aspect like pollution or global warming. The pope is concerned about all the ways humanity is damaging the planet, and how that environmental assault is returning like a boomerang to harm humanity itself" (GOODSTEIN, L. & GILLIS, J. On Planet in Distress, a Papal Call to Action. In: *The New York Times*, 18/06/2015 [Trad. do autor]).

> interligado no mundo, a crítica do novo paradigma e das formas de poder que derivam da tecnologia, o convite a procurar outras maneiras de entender a economia e o progresso, o valor próprio de cada criatura, o sentido humano da ecologia, a necessidade de debates sinceros e honestos, a grave responsabilidade da política internacional e local, a cultura do descarte e a proposta de um novo estilo de vida[23].

A atenção a esta encíclica foi, para dizê-lo minimamente, transversal e universal. Mais uma vez o papa Francisco esteve à altura de encarar um problema comum, a emergência ecológica, suas causas na injustiça social e seus efeitos sobre a convivência humana, em uma abordagem narrativa e linguística marcada pela *inclusão*, e não pela exclusão; pelo *diálogo*, e não pelo enfrentamento ideológico. Bergoglio olha a realidade fazendo-se perguntas, e no espírito do discernimento inaciano, interrogando a si mesmo acima de tudo, para depois oferecer, num espírito de abertura, a interpretação incessante e coletiva do real.

Em seus textos, assim como em sua ação comunicativa pessoal, papa Francisco "vai em direção ao outro". Entretanto, para compreender melhor a natureza também teológica desse movimento em direção ao próximo precisamos nos debruçar sobre um conceito que pertence plenamente à sua prática pastoral, o de *dinamismo cristão*.

Uma Igreja em saída

Para compreender plenamente o conceito de dinamismo precisamos direcionar nossa atenção para a visão específica de Bergoglio e para o seu agir e viver a Igreja em uma ótica profundamente cristocêntrica. Esta, por sua vez, é modelada por

---

23 FRANCESCO. Lettera enciclica *Laudato si'*, n. 16.

sua experiência pessoal ligada à relação específica que o continente latino-americano desenvolveu com a fé cristã. A América Latina, na realidade, produziu no tempo um cristianismo profundamente aderente à vida cotidiana, que não teme a contaminação de "outros" símbolos ou o sincretismo, que se enxerta de modo criativo com formas rituais da experiência cultural como o canto, a dança, as manifestações artísticas. Exatamente por essa riqueza é capaz de proclamar, com singular força, Cristo como resposta que o homem e a mulher de hoje dão às dúvidas e às angústias da dimensão existencial contemporânea. Como escreve o próprio papa Francisco na *Evangelii Gaudium*, "toda a vida de Jesus, sua forma de tratar os pobres, seus gestos, sua coerência, sua generosidade simples e cotidiana e, finalmente, sua total dedicação, tudo é precioso e fala à nossa vida pessoal. Todas as vezes que alguém volta a descobri-lo, se convence de que é isso mesmo de que os outros precisam"[24]. Nestas palavras encontramos o Jesus do Evangelho, próximo das pessoas, aquele que do meio do povo, sobre as barcas de pesca e pelas estradas escolheu os seus apóstolos.

A visão cristocêntrica coloca em primeiro plano e de modo significativo a redescoberta da urgência e a alegria plena que caracterizam a partilha da Palavra, promovendo uma nova evangelização, e é nesse movimento que se configura o dinamismo cristão. Esta é em parte uma herança que Bergoglio recolhe de seu predecessor, Bento XVI, que na abertura da encíclica *Deus caritas est* escreve que "ao início do ser cristão não há uma decisão ética ou uma grande ideia, mas um encontro com um acontecimento, com uma pessoa e que dá à vida um novo horizonte, e

24 FRANCESCO. Esortazione apostolica *Evangelii Gaudium*, 24/11/2013, n. 265.

com isso a direção decisiva"[25]. Não se pressupõe, obviamente, um fechamento meditativo que constrói uma espécie de relação privada e exclusiva com Jesus, mas existe, ao contrário, a forte ideia de um impulso dinâmico que leva o crente a amadurecer uma concepção plena da pessoa de Cristo e, portanto, a reconhecer a força transformadora, às vezes revolucionária, do Evangelho.

Aqui está em jogo um modelo de comunhão em que a atenção à genuína expressão do humano torna-se revelação "quase sacramental" do rosto de Cristo. Não existem duas Igrejas – uma "de Cristo" e uma dos homens –, mas uma única família dos filhos de Deus, na qual a experiência da história se faz experiência da graça, e vice-versa. Isso não é uma teologia entre tantas outras, mas a própria lição daquela grande experiência do Espírito que – como o veremos um pouco mais adiante – foi o Concílio Vaticano II, particularmente nas constituições *Lumen Gentium* e *Gaudium et Spes*.

A experiência religiosa necessita de uma dinâmica testemunhal dentro de um contexto que não é simples concessão, mas constitutivo para individuar modelos e práxis de Igreja. Nessa ótica, Bergoglio especifica que "a vida cristã não é estar em um canto, tranquilos, construindo para si um caminho que leva comodamente ao céu, não é como estar sentados na sala de estar"[26], mas, ao contrário, viver o cristianismo pressupõe um dinamismo que empurra estrada afora junto ao povo, implica descobrir o mundo. Papa Francisco não deixa nada ao acaso e, sobretudo, *não deixa o homem ao acaso*, mas o acompanha e o escuta. A construção de uma vida cristã se realiza no serviço e no zelo

25 BENEDETTO XVI. Lettera enciclica *Deus Caritas Est*, 25/12/2005, n. 1.

26 FRANCESCO. Meditazione mattutina Domus Sanctae Marthae, 15/06/2013.

apostólico, e não na busca de fazer prosélitos e aumentar as estatísticas, como por exemplo: neste ano aumentaram os cristãos em tal país, os movimentos etc. As estatísticas são boas, ajudam, mas fazer prosélitos não é o que Deus quer da gente. Aquilo que Ele quer é exatamente o anúncio da reconciliação, que é o núcleo de sua mensagem: Cristo se fez pecado por mim e os pecados estão lá, em seu corpo, dentro de si. Isto é uma loucura, mas é lindo: é a verdade. Este é o escândalo da cruz[27].

Desse modo,

> estamos com Jesus, mas não pensamos como Jesus. Estamos em seu grupo, mas perdemos a abertura do coração; perdemos assim a maravilha, a gratidão e o entusiasmo e corremos o risco de nos tornarmos "rotineiros da graça". Podemos falar dele e trabalhar para Ele, mas viver longe de seu coração, que pende na direção dos feridos. Essa é a tentação: uma "espiritualidade de ilusão"; podemos caminhar pelos desertos da humanidade sem ver o que realmente existe, mas antes aquilo que gostaríamos de ver. Somos capazes de construir visões do mundo, mas não aceitamos aquilo que o Senhor nos coloca diante dos olhos. Uma fé que não sabe radicar-se na vida das pessoas permanece árida e, ao invés de oásis, ela cria outros desertos[28].

Com Bergoglio ocorre uma mudança de direção, ou melhor, uma aceleração, no impulso de levar o Evangelho às pessoas a partir da definição da ideia que ele mesmo denominou de "Igreja em saída". Esse dinamismo, como ficou claro nas reflexões que desenvolvemos sobre o passado e sobre a formação do papa Francisco, é fruto de um longo percurso, e a narração que caracteriza seu pontificado é o ponto de chegada e de maturação desse processo de

27 Ibid.

28 FRANCESCO. Omelia per la santa messa per la conclusione della XIV Assemblea generale ordinaria del Sinodo dei vescovi, 25/10/2015.

longos anos e rico de experiência. "No Apocalipse [...] Jesus disse que está à porta e bate. Evidentemente o texto se refere ao fato de que Jesus bate à porta, de fora, para entrar... Entretanto, às vezes Jesus bate de dentro, porque o deixamos sair"[29]. Nessa imagem, uma das mais eficazes da comunicação deste pontífice (à época ainda cardeal), encontramos todos os elementos de seu modo simbólico. A simplicidade somada à singularidade da imagem torna imediata e única a mensagem; os campos semânticos da casa, não como refúgio a ser preservado, mas como lugar onde podemos ficar fechados, se não houver abertura para o mundo; o conceito de saída, da necessidade de caminhar:

> Se uma igreja, uma paróquia, uma diocese, um instituto vivem fechados em si mesmo, ficam doente. Ocorre-lhes o mesmo que a um quarto fechado. E então teremos uma Igreja raquítica, com normas fixas, sem criatividade, segura; ou melhor, mais do que segura, assegurada, como uma empresa de seguros, mas não segura. Ao contrário, se alguém sai – uma Igreja, uma paróquia –, sai para evangelizar, pode acontecer-lhe o mesmo que acontece a qualquer pessoa que sai pelas estradas: pode haver um acidente. Então, entre uma Igreja doente e uma Igreja acidentada, prefiro a acidentada, porque ao menos saiu[30].

A exortação apostólica *Evangelii Gaudium* nos convida a "sair da própria comodidade e ter a coragem de alcançar todas as periferias que precisam da luz do Evangelho"[31]. Essas são palavras que reiteram a necessidade de compreender o contexto da realidade, vivê-lo e inserir-se nele por meio da escuta, pois só assim é possível comunicar o Evangelho.

---

29 BERGOGLIO, J.M. Discorso alle Congregazioni generali pre-Conclave, 09/03/2013. Cf. CARDINALE, G. La Chiesa guardi alle periferie. In: *Avvenire*, 27/03/2013, p. 3.

30 MIGUEL. *Entrevista ao Papa*. Cit. Trad. it. p. 4-5.

31 FRANCESCO. Exortazione apostolica *Evangelii Gaudium*, n. 20.

Por outro lado, o colocar-se a caminho, o sair de uma situação fechada, o libertar-se da escravidão – que tanto pode ser real quanto metafórica – são termos recorrentes na narração que está na base da tradição cristã, nomeadamente no Antigo Testamento. Toda grande mudança resultou ou de um determinado percurso de saída e da evasão de um contexto visto como opressivo ou não mais adequado. Pensemos em Abraão, que deixa sua terra para chegar à Palestina; em Moisés, que no monte Horeb recebe sua revelação e se coloca a caminho para libertar o povo de Israel da escravidão; na viagem de Jacó ou em sentido mais figurado no percurso acidentado de Jó. Mas também, e com força, no Novo Testamento, nos apóstolos que deixam suas casas e suas vidas para seguir Jesus.

Com as palavras do papa Francisco, a vontade cristã "sempre tem a dinâmica do êxodo e do dom, do sair de si, do caminhar e do semear sempre de novo, sempre mais além"[32]. Não é um movimento forçado, mas o resultado de um desejo que, por sua vez, emerge da realidade e da própria decisão de enfrentá-la, de entrar em relação e de compreender nela o significado da própria fé: "Não se trata de um simples movimento físico, mas da participação na própria existência de Jesus, saído do Pai para habitar no meio de nós, sem uma pedra onde repousar a cabeça, nascido e morto nas periferias das cidades de Belém e Jerusalém"[33].

Como vimos em relação ao discurso sobre o dom do papa Francisco, ao impulso da Igreja que sai de si e se coloca a caminho está estreitamente vinculado o conceito de uma Igreja pobre, que "não tem nada a perder" ou temer deixar para trás: "Quando

32 Ibid., n. 21.

33 GRONCHI, M. & REPOLE, R. *Il* dolce stil novo *di papa Francesco*. Pádova: Messaggero Padova, 2015, p. 32.

se esquece essa missão, se esquece a pobreza, se esquece o zelo apostólico e se coloca a esperança nesses meios, a Igreja lentamente desliza para uma ONG e torna-se uma bela organização: potente, mas não evangélica, porque falta aquele espírito, aquela pobreza, aquela força de curar"[34].

Então, a forma da comunicação é, nesse contexto e mais do que nunca, substância, a partir do momento em que a Palavra de Deus é anunciada *na* e *com* a pobreza, para sermos capazes de conhecer os "últimos" e aliviar-lhes as misérias.

> O Evangelho deve ser anunciado em pobreza [...] porque a salvação não está na teologia da prosperidade [...]. Esta é a missão da Igreja; a Igreja que cura, que cuida. Algumas vezes eu falei da Igreja como um hospital de campanha. É verdade; quantos feridos existem, quantos feridos! Quanta gente que precisa que suas feridas sejam curadas! Esta é a missão da Igreja: curar as feridas do coração, abrir portas, libertar, dizer que Deus é bom, que Deus perdoa tudo, que Deus é pai, que Deus é meigo, que Deus sempre nos espera[35].

A ação pastoral de Bergoglio, portanto, vai na direção de uma Igreja que volta a fazer-se missionária, e eis por que o seu papado é caracterizado por inúmeras viagens e encontros: das "saídas" entre as pessoas em Roma para se ocupar dos sem-teto ou simplesmente para encontrar outras pessoas, até os "grandes banhos de multidões" que, em geral, como o veremos, unem um enorme potencial simbólico e um exigente compromisso de testemunho.

Papa Francisco leva palavras e luz a esses lugares, cuidando do aspecto comunicativo em sua totalidade, ou fazendo-se pon-

---

34 FRANCESCO. Meditazione mattutina Domus Sanctae Marthae, 05/02/2015.

35 Ibid.

te para comunicar não somente o Evangelho naquela realidade, mas também aquela mesma realidade ao mundo inteiro, em contínuo diálogo cristão, capaz de construir dignidade e "soberania" no povo. Ele mesmo define os termos teóricos dessa ação: "O que se deve procurar é que a pregação do Evangelho, expressa com categorias próprias da cultura onde é anunciado, provoque uma nova síntese com essa cultura"[36]. Nas palavras do teólogo Marko Ivan Rupnik: "A questão é que transmitir a fé significa transmitir a comunhão de Deus e a participação em sua vida, juntamente com a capacidade de plasmar e formar a mentalidade e o agir; isto é, a cultura"[37].

Evangelii Gaudium: as vias pelo caminho da Igreja em futuro

Com a eleição de Jorge Mario Bergoglio tem-se a impressão de que um capítulo do caminho terreno da Igreja aberto por seus predecessores no século XX chegou ao seu clímax. Esse capítulo começa com o Concílio Ecumênico Vaticano II, marcado pela exigência de desenhar uma Igreja nova, capaz de se aproximar mais das pessoas, sem se fechar nos palácios do poder. O primeiro ato daquele concílio, que pretendia ser um "concílio pastoral", foi fazer uma ponte numa sociedade em rápida transformação, que talvez não compreendesse adequadamente suas dúvidas e suas complexidades. A pedra angular dessa "reaproximação" foi a constituição pastoral *Gaudium et Spes*, que assim se inicia: "As alegrias e as esperanças, as tristezas e as angústias dos homens [...] são também as alegrias e as esperanças, as tristezas e as an-

---

36 FRANCESCO. Esortazione apostolica *Evangelii Gaudium*, n. 129.

37 RUPNIK, M.I. Premessa. In: BUSCA, G. *La riconciliazione "sorella del battesimo"*. Roma: lipa, 2011, p. 9-10, cit. p. 9.

gústias dos discípulos de Cristo. Não se encontra nada verdadeiramente humano que não lhes ressoe no coração"[38]. É a Igreja que se abre plenamente ao mundo contemporâneo.

Com o papa Francisco tem-se a sensação de que essas ideias tenham encontrado plena realização. O texto no qual desde o início isso aparece evidente é a sua primeira exortação apostólica, *Evangelii Gaudium*, que desenvolve o tema do anúncio do Evangelho no mundo atual e recolhe, dentre outras coisas, a contribuição dos trabalhos do sínodo *A nova evangelização para a transformação da fé cristã*, realizado no Vaticano entre 7 e 28 de outubro de 2012.

As palavras de abertura da *Evangelii Gaudium* são claras:

> A alegria do Evangelho enche o coração e a vida inteira daqueles que se encontram com Jesus. Quantos se deixam salvar por Ele e são libertados do pecado, da tristeza, do vazio interior, do isolamento! Com Jesus Cristo, a alegria renasce sem cessar. Quero, com esta exortação, dirigir-me aos fiéis cristãos, a fim de convidá-los para uma nova etapa evangelizadora marcada por essa alegria e indicar caminhos para o percurso da Igreja nos próximos anos[39].

O homem contemporâneo vive uma condição de isolamento que leva ao fechamento para com o próximo e ao descontentamento, num círculo vicioso de desânimo que se autoalimenta. Esse círculo, argumenta o papa, só pode ser quebrado no encontro com Cristo e com os outros, na partilha do Evangelho. Percebemos, desde suas primeiras páginas, que essa exortação de Bergoglio é uma técnica argumentativa clássica e premente; a uma tese precisa (o convite a empreender uma "nova etapa

---

38 Costituzione pastorale sulla Chiesa nel mondo contemporaneo *Gaudium et Spes*, 07/12/1965, n. 1.

39 FRANCESCO. Esortazione apostolica *Evangelii Gaudium*, n. 1.

evangelizadora") segue um passo para trás com a apresentação da antítese/problema (a solidão do homem contemporâneo), e em seguida um salto para frente com a posição da solução (Jesus). Um mecanismo ao mesmo tempo simples e perfeitamente eficaz que, como vimos, caracteriza toda a ação comunicativa deste pontífice.

Uma Igreja com uma clara sensibilidade pastoral, portanto, é o projeto que o papa Francisco leva adiante, e o faz colocando suas bases na tradição cristã e transportando-a para a realidade de hoje. Essa sua exigência ganha vida justamente nas páginas da *Evangelii Gaudium*, filhas não só de um percurso cheio de viagens e de encontros que o papa Francisco manteve durante o seu primeiro ano de pontificado, mas também de sua memória cristã. Desde quando era bispo de Buenos Aires ele se dedicou na estruturação de um projeto missionário baseado na comunhão e na evangelização. E desde então os objetivos não mudaram: instituição de comunidades abertas e fraternas; protagonismo de um laicato consciente; evangelização voltada para cada habitante da cidade; assistência aos pobres e doentes. Para alcançar tais objetivos ele convidou imediatamente sacerdotes e leigos para trabalharem juntos. Essas suas ações não resultam de um

> sacrifício com um fim em si mesmo, nem de uma obsessão pela austeridade. Trata-se de um desnudar-se interiormente, de uma renúncia em se concentrar demasiadamente em si mesmo, a fim de poder colocar Deus e os outros no centro da própria vida. Isso tem um significado pastoral, já que implica sermos mais disponíveis, próximos dos pobres, aos seus limites, à sua condição social, às suas humilhações. Precisamente por essa razão não agrada a Bergoglio os sacerdotes-príncipes, ou os bispos de "aeroporto", os eclesiásticos que vestem abotoaduras de ouro, ou os que adoram contínuas visitas a

> pessoas poderosas e que falam constantemente de si mesmos, sentindo-se superiores aos outros[40].

Papa Francisco sabe perfeitamente que a transmissão da fé é hoje uma questão complexa, seja para a teologia, seja para a pastoral, e está determinado a dar novamente vida a um sentido profundo de pastoral, entendida como o agir da Igreja com o fim de favorecer o encontro dos homens com o Evangelho, encarnando-o num determinado contexto histórico-cultural. Como já vimos, sua comunicação pretende enraizar o anúncio evangélico nos códigos, nos contextos e nas narrações de hoje. Mas se move também em outra direção: tornar transparentes ao mundo, à sociedade, ao "homem da estrada" os códigos, os contextos e as narrações da Igreja. É outro rosto daquela vontade resoluta de abertura e de movimento em direção ao próximo, que analisamos nos parágrafos precedentes.

Justamente nesse sentido a *Evangelii Gaudium* constitui um momento decisivo, no qual é possível observar, pela primeira vez em um texto oficial, uma intenção hermenêutica e comunicativa. Como o dissemos antes, o texto contém diversas contribuições advindas dos trabalhos do sínodo de outubro de 2012, e, portanto, as transforma em narração disponível a todos. Aquelas palavras e aquelas reflexões poderiam nem ter saído daquela assembleia sinodal, ou poderiam ter saído de forma fragmentária, parcial ou até mesmo distorcida (como aconteceu em relação ao sínodo sobre a família, de 2015, caracterizado por tensões e polêmicas ampliadas pela mídia, nem sempre a par das questões), e, portanto, não poderiam exprimir plenamente seu potencial de ilustração e de exemplificação do caminho pastoral e das opções do próprio pontífice. Papa

40 FERNÁNDEZ, V.M. & RODARI, P. *Il progetto di Francesco* – Dove vuole portare la Chiesa. Bolonha: EMI, 2014, p. 23.

Francisco assumiu para si o encargo da narração, e com esse gesto abriu as portas do sínodo aos seus leitores. A *Evangelii Gaudium* se transformou, assim, em *texto*, no sentido etimológico, "teia, tecido", do qual emerge um desenho elaborado com as interconexões da memória pastoral e espiritual do papa Francisco, com a visão do mundo de hoje, com a "socialização" do trabalho da Igreja e com a exortação de colher o momento da graça para realizar com fé e convicção a nova etapa do caminho de evangelização[41].

A raiz basilar desse escrito é a descoberta de um valor como a alegria, que nasce do coração de Cristo ressuscitado e é fruto do Espírito Santo; aquela alegria que para Bergoglio condiz, em grande parte, com a categoria inaciana de "consolação espiritual", a "alegria interior que estimula a entrar nas realidades celestes e na salvação da alma, dando-lhe tranquilidade e paz em seu Criador e Senhor"[42]. Bergoglio sublinha que "todos têm o direito de receber o Evangelho. Os cristãos têm o dever de anunciá-lo, sem excluir ninguém; não como quem impõe uma nova obrigação, mas como quem partilha uma alegria, indica um horizonte estupendo, oferece um banquete apetecível. A Igreja não cresce por poselitismo, mas 'por atração'"[43].

O adjetivo "atraente", atributo à pregação, à pastoral, ao modo de comunicar a fé, percorre todo o texto, mais de trinta vezes, e

---

41 "Prolongando o ensinamento da *Evangelii Nuntiandi*, de Paulo VI, ele coloca novamente no centro a pessoa de Jesus Cristo, o primeiro evangelizador, que hoje chama a cada um de nós a participar com Ele na obra da salvação (12). 'A ação missionária é o paradigma de toda a obra da Igreja' (15) – afirma o Santo Padre. Por isso, é necessário aproveitar o tempo favorável para vislumbrar e viver a 'nova etapa' da evangelização (17)" (FISICHELLA, R. Conferenza stampa di presentazione dell'Esortazione apostolica *Evangelii Gaudium* dell Santo Padre sull'annuncio del Vangelo nel mondo atuale, 26/11/2013).

42 IGNAZIO DI LOYOLA. *Esercizi spirituali,* regola 316.

43 FRANCESCO. Esortazione apostolica *Evangelii Gaudium*, n. 14.

junto com os conceitos de "alegria" e de "atração" constitui uma das palavras-chave na produção textual do papa Francisco. A dimensão da mensagem global que se obtém é totalmente evidente. A inserção do conceito de "*gaudio*", de "alegria", abre o campo semântico *para cima*, colocando explicitamente o divino na relação de diálogo e de cuidado, tornando-a uma diretriz sobre a qual se desenvolve o movimento dinâmico de abertura e de evangelização. Estamos em relação com os outros porque estamos em relação com Deus; somos capazes de cuidado e de misericórdia porque somos amados por Deus; somos capazes de andar na direção do próximo porque procedemos de Deus e para Ele retornamos. A alegria e a força de atração da qual fala a *Evangelii Gaudium* são o quadro conceitual no interior do qual se insere e se torna possível a ação social e comunicativa proposta pelo papa Francisco.

Podemos dizer, pois, que na base de cada comunicação, num paradoxo só aparente, há um "bem" que não precisa ser comunicado, mas que se pode comunicar, isto é, Jesus Cristo, figura que une em si Palavra e dom, na dimensão suprema do testemunho e do sacrifício.

> Jesus Cristo também pode romper os esquemas enfadonhos em que pretendemos aprisioná-lo e nos surpreender com a sua constante criatividade divina. Sempre que procuramos voltar à fonte e recuperar o frescor original do Evangelho, despontam novas estradas, métodos criativos, outras formas de expressão, sinais mais eloquentes, palavras cheias de renovado significado para o mundo atual. Na realidade, toda a ação evangelizadora autêntica é sempre "nova"[44].

Eis uma novidade que recusa a obscuridade da profecia para desposar a instantaneidade da narração que permeia todo

44 Ibid., n. 11.

o Novo Testamento; extraordinária narrativa cheia de narrativas, figuras, explicações compreensíveis com o coração e a mente também aos mais humildes, não obstante densas de desconcertantes verdades. A esse respeito "também o papado e as estruturas centrais da Igreja universal precisam ouvir esse apelo a uma conversão pastoral"[45], adverte Bergoglio na exortação. Uma conversão que é tradução da linguagem evangélica nas categorias de hoje, das reflexões e das opções da Igreja que se tornam acessíveis e compreensíveis ao povo, de uma visão cristocêntrica e cristológica que conjuntamente se faz ação e narração, ato linguístico e ato de cuidado.

Exatamente por essa necessidade de coesão e focalização da mensagem o papa Francisco "pede que não se coloque tanto o acento em questões secundárias, mas que o anúncio se concentre no essencial, que haja uma adequada proporção, colocando as coisas em seu contexto"[46]. Ciente de que hoje, como na idade clássica, a linguagem "é prisioneira na rede do pensamento e tecida na própria trama que este último desenvolve. Sem efeito externo do pensamento, mas o próprio pensamento. [...] A representação, desenvolvendo-se nos sinais verbais que a manifestam, torna-se *discurso*"[47]. E poderíamos acrescentar que o discurso se torna a realidade de uma mudança, de uma palingenesia e de uma renovação, que são o horizonte mais vasto da missão do papa Francisco.

Alegria até as periferias mais remotas do mundo

"Evangelho" já é um termo que etimologicamente implica a necessidade do anúncio: do latim *evangelium*, que por sua vez

45 Ibid., n. 32.

46 FERNÁNDEZ, V.M. & RODARI, P. *Il progetto di Francesco*. Op. cit., p. 34.

47 FOUCAULT. *Les mots et les choses*. Op. cit. Trad. it., p. 187.

deriva do grego εὐαγγέλιον (composto por εὖ, "bem, bom", e ἄγγελος, "mensageiro, anúncio"), significa literalmente "boa-nova". Evangelizar quer dizer, portanto, para Bergoglio, levar uma mensagem de alegria até as periferias mais remotas do mundo. Pois bem, nos parágrafos precedentes analisamos como os textos oficiais do pontificado do papa Francisco formam um importante entrelaçamento de seu pensamento filosófico e teológico, além de ter a força para ditar a agenda das questões cruciais da contemporaneidade. Mas um dos pontos mais significativos da comunicação do papa Francisco é quando a reflexão e a intenção se fazem presença física, movimento; numa palavra: viagem.

A viagem, do latim *viaticum*, ou seja, provisão necessária para pôr-se em viagem, desde o início encontra significado no processo de evangelização; Jesus está sempre a caminho, e seu *viaticum* é a Palavra de Deus oferecida à realidade. Assim o foi para Francisco de Assis, que via no caminho uma urgência espiritual para testemunhar que também Jesus tinha estado entre os homens e anunciado a Palavra. De modo geral, a dimensão do "caminho" pertence a todos nós, como percurso ou descoberta, como exploração ou peregrinação. Trata-se, portanto, de uma metáfora muito importante e inclusiva, capaz de unir crentes e não crentes. E exatamente por isso ela é necessária.

Qual seria, de fato, a necessidade de uma viagem papal, densa de complexidades logísticas, e nestes tempos não isenta de perigos, justamente numa era da comunicação global em que as imagens alcançam todos os cantos do planeta? Não obstante isso, a exigência de comunicar o Evangelho aos povos significou para muitos pontífices a urgência de pôr-se a caminho fisicamente, pelas estradas do mundo, e Bergoglio seguramente fez do caminho um ponto-chave de sua pastoral. Desde o início ele se deslocou entre as pessoas, em carros populares, e um dos símbolos com o qual ele comunica a exigência de simplicidade é a maleta na qual carrega objetos pessoais e livros, como qualquer viajante do mundo. Também na viagem, desde o início, ele quis limitar ou eliminar as superestruturas para deixar emergir a dimensão essencial da presença e do anúncio. Em termos comunicativos, podemos dizer que ele tentou reduzir ao máximo possível a "interferência", que impede a correta recepção da mensagem e a distorce.

Para enquadrar plenamente a viagem no interior da ação comunicativa do papa Francisco, vale lembrar a função narrativa do espaço.

> O espaço, na qualidade de articulação, inscreve em seu interior uma série de ações dos que o vivem e o atravessam. Essa série de ações é *narrativa*, por diversas razões: (i) Porque as ações não são organizadas ao acaso, mas são significativas, já que articuladas em vista de programas mais ou menos complexos; se os espaços são funcionais para alguém, não é no sentido estritamente estrutural, mas no sentido de que eles estimulam (ou impedem) determinadas formas de comportamento. (ii) Porque ao programa de ação de certa subjetividade se opõe o programa de outra subjetividade; se um determinado espaço aparece como significativo é porque nele se inscreve uma polêmica narrativa, uma série de estratégias e de táticas interrogativas. (iii) Enfim, porque as ações e as relações interrogativas não são inscritas no espaço, no sentido de que alguns deles provocam determinados comportamentos, mas naquilo que, mais profundamente, estes fazem no lugar dos sujeitos, assumem para si ações humanas, fazendo-as suas; as organizações espaciais realizam ações no lugar dos homens[48].

---

48 MARRONE, G. L'efficacia simbolica dello spazio: azioni e passioni. In: BERTETTI, P. & MANETTI, G. (orgs.). *Forme della testualità. Teorie, modelli, storia e prospettive* – Atti del congresso annuale dell'Associazione italiana di studi semiotici. Turim: Testo & Immagine, Torino, 2001, p. 344-361, cit. p. 346. Seria interessante verificar a eficácia com a qual a acepção de "espaço narrativo" fluidifica um conceito estático de espaço

Nesse sentido, a viagem em Bergoglio torna-se ocasião para colocar em cena, como tensões *narrativas*, as que são tensões *reais*, as linhas de fratura da política e da sociedade. Para expô-las e resolvê-las, ele utiliza como "princípio curativo" a força simbólica do ritual, que implica gesto e presença.

Fecha-se, portanto, o círculo que abrimos com aquele "boa noite" da sacada central da basílica vaticana, com aquela primeira aparição descodificável como verdadeira e própria cerimônia de transformação. Também a viagem papal é um ato comunicativo de grande potencial hermenêutico e igualmente importante porque, em termos de comunicação contemporânea, ela "faz notícia". Portanto, orienta a agenda das mídias oferecendo à mensagem uma plataforma global, e focaliza a atenção, e no melhor dos casos a intenção, de um povo cristão espalhado pelo planeta. Não nos esqueçamos de que, como resulta de várias pesquisas de campo feitas sobre o público dos telejornais e das transmissões de aprofundamento televisivo, existe uma correlação efetiva e relativamente ampla entre agenda midiática e percepção dos problemas na opinião pública. A focalização das mídias sobre um novo tema produz deslocamento da atenção do público em clara relação de causa-efeito. "As informações veiculadas pelas mídias constituem, para muitas pessoas, o único contato com a política. [...] Para cada tema muitos 'ouvem', mas poucos 'escutam'"[49],

---

como dimensão volumétrica ou, metaforicamente, indicativa de um *statu quo* que é expressão de poder, controle, posse. A *Evangelii Gaudium* é também nisso extremamente provocante, mencionando a urgência de iniciar processos, mais do que ocupar espaços (cf. n. 222-237). Cf. MAZZA, G. Processare l'evento cristiano: riflessioni a margine di *Evangelii Gaudium*. In: *Annali di Studi Religiosi*, 16, 2015, p. 57-73.

49 McCOMBS, M. & SHAW, D. The Agenda-Setting Function of Mass Media. In: *Public Opinion Quarterly*, 36, 1972, p. 176-187 [Trad. it.: La funzione di agenda-setting dei mass-media. In: BENTIVEGNA, S. (org.). *Mediare la realità* – Mass media, sistema politico e opinione pubblica. Milão: FrancoAngeli, 1994, p. 61-73, cit. p. 61-62].

e a melhor maneira de colocá-los na escuta é concentrar sobre o tema a maior atenção midiática possível, e tornar, também, a mensagem o mais simples possível. Papa Francisco demonstrou-se mestre em ambas as coisas.

Como não lembrar sua primeira visita oficial à Itália, em Lampedusa, no dia 8 de julho de 2013? Chegado à ilha, ele encontrou um grupo de imigrantes não europeus e, acompanhado num barco por pescadores – uma escolha que, sublinhamos, combina praticidade e simbologia neotestamentária –, lançou ao mar uma coroa de flores num ponto onde se encontra uma estátua da Madonna del Mare (Nossa Senhora do Mar), colocada a quatorze metros de profundidade, como lembrança dos que perderam a vida nas travessias do Canal da Sicília. O discurso que marca aquela ocasião está entre os mais fortes de todo o seu pontificado: "Onde está o teu irmão? A voz do seu sangue clama até mim?", e em seguida a sua oração e denúncia que nos lembra que estamos perdendo

> o sentido da responsabilidade fraterna [...]. Ao vermos o irmão quase morto na beira da estrada, talvez pensemos "coitado", e prosseguimos o nosso caminho, não é dever nosso; e isto basta para nos tranquilizarmos, para sentirmos a consciência em ordem. A cultura do bem-estar, que nos leva a pensar em nós mesmos, faz-nos insensíveis aos gritos dos outros, faz-nos viver como se fôssemos bolas de sabão; elas são bonitas, mas não são nada, são pura ilusão do fútil, do provisório. Essa cultura do bem-estar leva à indiferença a respeito dos outros; antes, leva à globalização da indiferença. [...] Quem chorou pela morte desses irmãos e irmãs? Quem chorou por essas pessoas que vinham no barco? Pelas mães jovens que traziam os seus filhos? Por esses homens cujo desejo era conseguir qualquer coisa para sustentar as próprias

---

Cf. tb. MARINI, R. *Mass media e discussione pubblica* – Le teorie dell'agenda setting. Roma/Bari: Laterza, 2006. • VIGANÒ, D.E. (org.). *Dizionario della comunicazione*. Roma: Carroci, 2009. • WOLF, M. *Gli effetti sociali dei media*. Milão: Bompiani, 1992.

famílias? Somos uma sociedade que esqueceu a experiência de chorar, de "padecer com"; a globalização da indiferença nos tirou a capacidade de chorar! [...] Quem chorou? Quem chorou hoje no mundo?[50]

Percebemos aqui como o uso reiterado de interrogação (muito mais do que retórica), que interpela o ouvinte e o "chama" para dentro do discurso, da *relação em presença* com as vítimas e, de fato, da tragédia humana, confere grande força a uma mensagem já fundada em um contexto comunicativo forte.

Também a segunda viagem oficial de Bergoglio à Itália marca uma etapa importante em seu percurso de elaboração de um quadro comunicativo coerente e funcional. Em Cagliari, no dia 22 de setembro de 2013, ele se encontrou com alguns representantes do mundo do trabalho e trabalhadores em geral, dos quais muitos desempregados, ou que estavam em situação de seguro-desemprego. Naquela ocasião, como o fez cada vez mais frequentemente, ele realizou um gesto simbolicamente forte: deixou o texto de lado e falou espontaneamente:

> Trata-se de uma realidade que conheço muito bem pela experiência ocorrida na Argentina. Eu não a conheci, mas a minha família sim: o meu pai, ainda jovem, partiu para a Argentina cheio de ilusões para "fazer a América". E sofreu a terrível crise dos anos de 1930. Perdeu tudo, porque não havia trabalho! E na minha infância, em casa, eu ouvia falar daquela época... Eu não a conheci, pois ainda não tinha nascido, mas em casa eu sentia esse sofrimento, ouvia falar sobre esse sofrimento. Conheço bem isso! No entanto, devo dizer-vos: "Coragem!" Mas também estou consciente de que devo fazer tudo o que me compete, a fim de que esta palavra "coragem" não seja simplesmente uma bonita palavra de passagem! Para que não constitua apenas um sorriso de empregado cordial, de um funcionário da Igreja que vem aqui e

---

50 FRANCESCO. Omelia, visita a Lampedusa, 08/07/2013.

> que vos diz "coragem". Não! Não é isso que eu quero! Quero que esta coragem brote do meu interior e que me leve a fazer tudo como pastor, como homem. Devemos enfrentar esse desafio histórico com solidariedade entre vós – também entre vós –, todos com solidariedade e inteligência este desafio histórico[51].

Percebe-se a aparente contradição: a palavra oral, frágil e passageira por definição, é privilegiada e considerada mais "sólida" com relação ao texto escrito. Por qual razão? Porque segundo a poética da aderência ao real que aprendemos a conhecer, a palavra oral é radicada no contexto, "pertence" inteiramente aos interlocutores, constitui uma relação no aqui e agora.

Existe outro aspecto importante naquele gesto: é gratuito e antieconômico deixar de lado um texto já escrito e esforçar-se para tentar entrar num diálogo mais imediato e autêntico. Uma gratuidade que se insere perfeitamente na mensagem que o papa Francisco quer comunicar com força naquele momento: a precariedade do trabalho tem motivos bem precisos, "é consequência de uma opção global, de um sistema econômico que leva a essa tragédia; um sistema econômico que tem em seu centro um ídolo que se chama dinheiro. [...] Senhor Jesus, a ti nunca faltou o trabalho, dá-nos trabalho e ensina-nos a lutar pelo trabalho, e abençoe a todos nós"[52].

O tema do trabalho já tinha tido um precedente nos discursos do papa Francisco, mais particularmente na homilia feita em Santa Marta em um dia particular, 1º de maio de 2013: "A dignidade não nos é dada pelo poder, pelo dinheiro, pela cultura, não!... A dignidade nos é dada pelo trabalho, mas hoje tantos

---

51 FRANCESCO. Discorso per l'incontro con il mondo del lavoro, visita pastorale a Cagliari, 22/09/2013.

52 Ibid.

sistemas sociais, políticos e econômicos fizeram uma opção que significa explorar a pessoa"[53].

No encontro de Cagliari, portanto, é evidente que são a viagem e o encontro o vínculo principal de comunicação de uma mensagem que se funda na carne e no sangue dos sofrimentos humanos e que não pode ser deixado à dimensão abstrata – em sentido técnico, *mediada* – de uma aparição televisiva.

A mesma dinâmica está presente em todas as viagens internacionais, que são numerosas e marcam etapas importantes do pontificado. A primeira foi no dia 22 de julho de 2013 ao Brasil, ao Rio de Janeiro, para celebrar a XXVIII Jornada Mundial da Juventude. Aos jovens o papa Francisco se dirigiu diretamente com um apelo claro e conciso: "Caros jovens, o Senhor precisa de vocês! Também hoje Ele chama a cada um de vocês a segui-lo na sua Igreja e a ser missionários [...]. Por favor, não deixem que sejam os outros os protagonistas da mudança. Vocês são aqueles que têm o futuro"[54].

Como de costume, ele não deixou de cercar o apelo com uma narração precisa, baseada no conceito de tempo e de idade da vida:

> Também no outro extremo da vida, os idosos são o futuro de um povo. Um povo tem futuro se vai em frente com ambos os pontos: com os jovens, com a força, porque o levam para diante; e com os idosos, porque são eles que oferecem a sabedoria da vida. E muitas vezes penso que fazemos uma injustiça aos idosos, pondo-os de lado como se eles não tivessem nada para nos dar; eles têm a sabedoria: a sabedoria da vida, a sabedoria da história, a sabedoria da pátria, a sabedoria da família. E nós precisamos disso!

---

53 FRANCESCO. Meditazione mattutina Domus Sanctae Marthae, 01/05/2013.

54 FRANCESCO. Discorso per la veglia di preghiera con i Giovani. Rio de Janeiro, 27/07/2013.

> Por isso, digo que vou encontrar os jovens, mas no seu tecido social, principalmente com os idosos[55].

O percurso é claro: do dinamismo da juventude, através da experiência da vida, à sabedoria da velhice, que por sua vez age como alimento para o entusiasmo da juventude. Como se percebe, o arco narrativo se faz círculo hermenêutico: a experiência do mundo se torna *interpretação* do mundo e, portanto, compreensão, e, mais uma vez, capacidade de relação. É mais do que evidente a razão pela qual o papa coloca uma reflexão desse gênero no quadro de uma viagem, isto é – como vimos – na categoria experiencial por definição: novamente, texto e contexto são estreitamente ligados e mutuamente produtores de sentido.

Uma viagem de enorme valor simbólico foi a que em setembro de 2015 levou o papa a Cuba e aos Estados Unidos, um evento que constituiu um ponto de passagem importante na história da relação entre os dois países, que nos últimos anos se caracterizou por uma gradual flexibilização. O voo que levou o pontífice de Santiago de Cuba à capital estadunidense Washington foi o primeiro, naquela rota, depois de ao menos cinquenta anos. A viagem se fez mensagem. Um simples trajeto se fez ligação unindo duas realidades que por muitos decênios se confrontaram até belicamente. A trajetória traçada sobre um hipotético radar, o pontinho daquele avião que se desloca, é uma solidíssima ponte lançada sobre as ruínas da história. E que construir essa ponte tenha sido o papa vindo do "fim do mundo" só acrescenta outros significados: do fim do mundo devemos sair para oferecer e dar-nos o direito a um diálogo que saiba verdadeiramente unir os continentes, atravessar os oceanos, diminuir as distâncias:

---

55 FRANCESCO. Incontro con i giornalisti durante il volo per Rio de Janeiro, 22/07/2013.

> Numa época de crescentes conflitos, o papa convida a lançar pontes, "pequenas pontes, mas uma pequena ponte" após a outra, "forma a grande ponte da paz". Trata-se da "capacidade de unir", de criar "amizade social" que constrói o bem comum também na diversidade. "O nosso método – afirmou o papa – é o diálogo, não por astuta estratégia, mas por fidelidade àquele que nunca se cansa" de propor "o seu convite de amor". Oferecemos o tesouro do Evangelho – é a sua exortação – com humildade, evitando "a linguagem áspera e belicosa da divisão"; "somente o fascínio duradouro da bondade e do amor é verdadeiramente convincente". Lembramos sempre que o outro é um "irmão a ser alcançado e a resgatar". Atos concretos desse "construir pontes" são a reaproximação dos Estados Unidos e Cuba e o anúncio do acordo de paz na Colômbia, graças também ao papel do papa Francisco, depois de meio século de conflitos[56].

Na parte americana da viagem o papa Francisco não perdeu a ocasião para debruçar-se sobre o tema da liberdade. Mais uma vez, ele soube estruturar o contexto e os códigos culturais da realidade na qual mergulhou para se radicar no aqui e agora e tornar compreensível a todos uma mensagem universal de abrangência bem mais ampla:

> Liberdade e justiça andam juntas. São as duas palavras que o papa repetiu em Cuba e nos Estados Unidos. "Uma nação pode ser considerada grande quando defende a liberdade", promove "plenos direitos a todos", "luta pela justiça e pela causa dos oprimidos", "semeia a paz". O papa invocou "casa, trabalho e terra" para todos, liberdade religiosa e de consciência, direito à vida em cada fase de seu desenvolvimento (não também à pena de morte), defesa do meio ambiente. Diante do grande desafio dos imigrantes recordou a regra de ouro do Evange-

56 CENTOFANTI, C. *Il viaggio di Papa Francesco a Cuba e negli Usa in 10 punti*, 29/09/2015 [Disponível em http://it.radiovaticana.va/news/2015/09/29/il_viaggio_di_papa_francesco_a_cuba_e_negli_usa_in_10_punti/1175512].

> lho: "Faça aos outros aquilo que gostarias que te fizessem". Exortou a parar com a perseguição das minorias étnicas e religiosas e o comércio das armas[57].

Um coração grande, o de Jesus: este é um dos títulos entre os jornais coreanos[58]. Assim é lembrado o papa e a sua viagem feita de palavras e gestos conjuntos. E muitas vezes com palavras que inquietaram as consciências, como aquelas em Daejeon, no Word Cup Stadium[59]; ele convidou a combater "o fascínio do materialismo, que sufoca os autênticos valores espirituais e culturais, e o espírito de competição desenfreada, que gera egoísmo e conflitos [...] modelos econômicos desumanos que criam novas formas de pobreza e marginalizam os trabalhadores". Em Seul, na Praça da Porta de Gwanghwamun, durante a beatificação de 124 mártires, diante de oitocentos mil fiéis, insistiu que os exemplos daqueles mártires ensinam a importância da caridade na vida de fé e que ser mártir quer dizer, sobretudo, ser testemunha de Jesus. No santuário de Haemi seu testemunho e sua empatia para com todos abriram caminho nos corações dos jovens provenientes de todo o continente. "Levantai-vos! Sois a esperança da Ásia", disse-lhes. Na Catedral de Myeong-dong sublinhou que o dom da reconciliação, da unidade e da paz está inseparavelmente ligado à graça da conversão, e que a força profética da cruz de Cristo supera toda divisão, cura toda ferida e restabelece os vínculos originais do amor fraterno. Mais uma vez, a opção pelo trem (não exclusivo), a visita aos confrades jesuítas da Sogang University, o batismo de uma das

57 Ibid.

58 Cf. "The Chosun IlBo", 18/08/2014. Trata-se da visita à Casa da Esperança de Kkottongnae durante a qual o papa, dobrando seus braços, formou um grande coração. Daqui, a semelhança proposta pelo jornal.

59 FRANCESCO. Omelia per la santa messa nella solennità dell'Assunzione. World Cup Stadium (Daejeon), 15/08/2014.

vítimas de Seul, os sorrisos, os abraços, as *selfies* com os jovens, os atrasos causados por uma palavra ou um aperto de mão a mais e as inúmeras carícias feitas aos menores que ocuparam páginas e páginas dos jornais locais. Graças ao papa Francisco, os olhos do mundo, todos apontados para a Coreia, "a terra do sol nascente", viram pela primeira vez uma nação sem muros, que falou uma única língua, a da paz e da esperança.

Na imagem de uma espécie de "geografia ideal", através da qual papa Francisco persegue sua obra de evangelização e comunicação, não pode faltar a viagem africana, que no final de novembro de 2015 o levou a algumas das realidades mais atormentadas e díspares do planeta: Quênia, Uganda e República Centro-africana. As justificadas preocupações com a segurança – poucos dias após os terríveis atentados de Paris do dia 13 de novembro – não induziram o papa a abdicar de sua costumeira proximidade, inclusão, simplicidade; ele não recusou o papa-móvel aberto nem os grandes encontros com as multidões. Uma mensagem, se não for coerente, corre o risco de revelar-se ineficaz, e enorme foi o investimento simbólico do qual estava carregada aquela viagem apostólica para se correr o risco de falhar.

Foi justamente na etapa mais perigosa da viagem, aquela final, à República Centro-africana, que Bergoglio resolveu fazer o ato mais significativo daquela viagem: a abertura, na catedral da capital Bangui, da primeira porta santa, abrindo assim oficialmente o Jubileu Extraordinário da Misericórdia. Na história da Igreja, e da humanidade, foi a primeira vez que a primeira porta santa foi aberta longe de Roma. Assim começou oficialmente o primeiro "jubileu difuso" na história da humanidade, rebatizado imediatamente pelas mídias como "jubileu das periferias", para reiterar o tema mais caro a este pontífice, o do cuidado dos últimos da terra. Papa Francisco não abriu a porta santa “em entrada”, mas “em saída”, abrindo a Igreja ao mundo. Nesse contexto altamente simbólico decidiu enviar uma mensagem forte, provocativa: abri os braços ao inimigo, como ensina Jesus. “Venho como peregrino da paz, e me apresento como apóstolo da esperança”[60], afirmou. “A todos os que usam injustamente as armas deste mundo, lanço um apelo: depositai estes instrumentos de morte; antes, armai-vos com as armas da justiça, do amor e da misericórdia, autênticas garantias de paz”[61].

Também nesse caso a viagem do papa correspondeu a um verdadeiro e particular percurso simbólico que associou a mensagem evangélica: “amai vossos inimigos e rezai por aqueles que vos perseguem” (Mt 5,44); a realidade de um país conturbado e em guerra; o tema da corrida armamentista e da escalada bélica, tanto mais urgente em um mundo à beira de uma guerra planetária. Texto, contexto e metatexto oferecidos a crentes e não crentes, juntos na grande cerimônia coletiva transmitida mundialmente ao vivo, que enquadrou a narração de um gesto simbólico de alcance histórico, como a abertura daquela porta santa, momento mais alto de um investimento comunicativo construído no tempo para levar a todos os corações e a todas as mentes a única possível mensagem de salvação: “Também quando as forças do mal se desencadeiam, os cristãos devem responder ao apelo, de cabeça erguida, prontos a resistir nessa batalha, na qual Deus terá a última palavra. E esta palavra será de amor e de paz!”[62]

---

60 FRANCESCO. Discorso per l’incontro con la classe dirigente e con il corpo diplomático. Bangui, Repubblica Centrafricana, 29/11/2015.

61 FRANCESCO. Discorso per l’apertura della Porta Santa. Cattedrale di Bangui, Repubblica Centrafricana, 29/11/2015.

62 Ibid.

Conclusão

A revolução da misericórdia

"Estamos vivendo o tempo da misericórdia." São palavras pronunciadas pelo papa Francisco após o *Angelus* do dia 11 de janeiro de 2015. No dia 8 de dezembro, dia da abertura da porta santa em Roma, ele disse: "Também este ano extraordinário é dom de graça. Entrar por aquela porta significa descobrir a profundidade da misericórdia do Pai, que a todos acolhe e vai pessoalmente ao encontro de cada um. É Ele quem nos procura, é Ele quem nos vem ao encontro. Neste ano deveremos *crescer na convicção da misericórdia*"[1]. Entre estas duas frases, pronunciadas numa distância de tempo de quase dois anos, situa-se a decisão de convocar, como já o lembramos, um jubileu extraordinário.

Com a abertura da primeira porta romana, transmitida ao vivo ao mundo inteiro pelo Centro Televisivo Vaticano, no dia em que a Igreja festejava a Imaculada Conceição, podemos dizer que se fechou o círculo de nossa reflexão sobre a comunicação do papa Francisco. Por quê? Recordemos algumas características desse evento.

Primeiramente, a escolha da data em que iniciou o Ano Santo: 8 de dezembro, 3º Domingo do Advento e Festa da Imaculada Conceição. Um dia de múltiplos simbolismos que remetem

1 FRANCESCO. Omelia per la santa messa e apertura della Porta Santa, piazza San Pietro, 08/12/2015.

à expectativa da graça, à promessa, ao acolhimento, ao dom; em suma, a todo aquele mesmo universo de significados eufóricos que vimos se ativar em vários níveis de leitura nas tantas mensagens do pontífice. Assim recita a bula de proclamação do Jubileu Extraordinário da Misericórdia:

> O Ano Santo abrir-se-á no dia 8 de dezembro de 2015, solenidade da Imaculada Conceição. Essa festa litúrgica indica o modo de agir de Deus desde os primórdios da nossa história. Depois do pecado de Adão e Eva, Deus não quis deixar a humanidade sozinha e à mercê do mal. Por isso, pensou e quis Maria santa e imaculada no amor (cf. Ef 1,4), para que se tornasse a mãe do redentor do homem. Perante a gravidade do pecado, Deus responde com a plenitude do perdão. A misericórdia será sempre maior do que qualquer pecado, e ninguém pode colocar um limite ao amor de Deus, que perdoa. Na festa da Imaculada Conceição terei a alegria de abrir a porta santa. Será então uma *porta da misericórdia*, onde qualquer pessoa que entrar poderá experimentar o amor de Deus que consola, perdoa e dá esperança[2].

E chegamos assim ao segundo ponto que caracteriza o jubileu, a abertura de numerosas portas em Roma e no mundo. A abertura da porta santa é, em si mesmo, um ritual secular, realizado pela primeira vez em 1423 pelo papa Martinho V, que oficiou esse rito na Basílica de São João de Latrão. Somente no Natal de 1499, de fato, inaugurando o Ano Santo que delimitava também o fim do século e o início do novo, papa Alessandro VI permitiu que fosse aberta uma porta santa também nas basílicas romanas: São Pedro, Santa Maria Maior e São Paulo Fora dos Muros; justamente naquela ocasião foi aberto, na fachada de São Pedro, o acesso que ainda hoje é usado.

2 FRANCESCO. Bolla d'indizione del Giubileo straordinario della misericordia *Misericordia Vultus*, 11/04/2015, n. 3.

A primeira porta santa aberta pelo papa Francisco em 2015, no entanto, não foi a de uma basílica romana: o primeiríssimo rito, como vimos, se desenvolveu no continente africano, para colocar ainda mais o acento sobre o seu significado, estabelecendo desse modo que este viesse a ser reiterado mais e mais, mundo afora, ao longo de todo o ano. Sempre segundo a bula de proclamação:

> No domingo seguinte, o 3º Domingo do Advento, abrir-se-á a porta santa na catedral de Roma, a Basílica de São João de Latrão. E em seguida será aberta a porta santa nas outras basílicas papais. Estabeleço que no mesmo domingo, em cada Igreja particular – na catedral, que é a Igreja-mãe para todos os fiéis, ou na concatedral ou então em uma igreja de significado especial – se abra igualmente, durante todo o Ano Santo, uma *porta da misericórdia*. Por opção do ordinário, a mesma poderá ser aberta também nos santuários, meta de muitos peregrinos que frequentemente, nesses lugares sagrados, sentem-se tocados no coração pela graça e encontram o caminho da conversão. Assim, cada Igreja particular estará diretamente envolvida na vivência deste Ano Santo como um momento extraordinário de graça e renovação espiritual. Portanto, o jubileu será celebrado, quer em Roma, quer nas igrejas particulares, como sinal visível da comunhão da Igreja inteira[3].

Com isso afirma-se que se trata do primeiro jubileu generalizado da história, com muitas portas santas espalhadas em todo o planeta. A metáfora é clara e é mais uma vez profundamente inerente à comunicação de Bergoglio: "Jesus bate para sair", e a Igreja, por sua vez, abre-se para o exterior, escancarando, em contrapartida, uma nova passagem em direção à graça para crentes e não crentes. Ninguém é excluído, nem mesmo os excluídos. Tanto é verdade, que o próprio papa Francisco, dez dias após ter aberto

3 Ibid.

a porta de São Pedro, abriu também a porta santa da caridade, no abrigo da Caritas, ao lado da estação de trens chamada Termini, situada no coração da capital romana. Não obstante ser cercada pela marginalidade, como o próprio papa disse, esta realidade deve receber uma resposta com um amor idêntico ao de Deus:

> Que grande injustiça fazemos a Deus e à sua graça, quando afirmamos, em primeiro lugar, que os pecados são punidos por seu julgamento, sem antepor, diversamente, que são perdoados por sua misericórdia! (cf. SANTO AGOSTINHO. *De praedestinatione sanctorum* 12, 24). Sim, é exatamente assim. Devemos antepor a misericórdia ao julgamento e, em cada caso, o julgamento de Deus será sempre feito à luz de sua misericórdia[4].

Misericórdia é uma palavra-chave, não só do Ano Santo, mas também da teologia cristã:

> Não se pode entender um cristão verdadeiro que não seja misericordioso, do mesmo modo que não se pode compreender Deus sem a sua misericórdia. Eis a palavra-síntese do Evangelho: misericórdia. Trata-se da característica fundamental da face de Cristo: aquele rosto que nós reconhecemos nos diversos aspectos da sua existência: quando vai ao encontro de todos, quando cura os doentes, quando se senta à mesa com os pecadores e sobretudo quando, pregado na cruz, perdoa; é ali que vemos o semblante da misericórdia divina. Não tenhamos medo: deixemo-nos abraçar pela misericórdia de Deus, que nos espera e perdoa tudo. Nada é mais doce do que a sua misericórdia. Deixemo-nos acariciar por Deus; o Senhor é tão bom, e tudo perdoa[5].

E eis o terceiro traço característico: trata-se de um jubileu generalizado, no qual se concretiza aquela que vimos ser a natureza *social* da comunicação deste pontífice. Não é por acaso que

---

4 FRANCESCO. Omelia per la santa messa e apertura della Porta Santa. Cit.

5 FRANCESCO. *Angelus*, 08/12/2015.

o account@Pontifex_it do dia 8 de dezembro publicou este tweet: "Que o Jubileu da Misericórdia leve a todos a bondade e a ternura de Deus!" Afinal, podemos definir *social* também o primeiro jubileu da história da Igreja Católica, aquele havido às vésperas do ano 1300: papa Bonifácio VIII foi levado a proclamá-lo pelas pressões de numerosos peregrinos que desde o início de 1299 tinham começado a dirigir-se à capital, pois se havia espalhado a notícia de que o pontífice teria concedido a indulgência plenária concomitantemente ao início do novo século.

Mas, se é verdade que a cifra de todos os jubileus sempre foi a participação, a vontade de inclusão e de diálogo que caracteriza o papa Francisco, que deu à comunicação "ascendente" em torno do evento uma ênfase e um impulso sem precedentes, transformando-o em um verdadeiro e próprio rito coletivo. Um rito que continua e completa aquela cerimônia de transformação midiática iniciada anos antes na bancada das bênçãos da Praça de São Pedro, com aquele simples e densíssimo "boa noite".

Continuidade, portanto, na mudança. Um jubileu não é obviamente um gesto "revolucionário", mas sim o seu modo de prepará-lo, de entendê-lo e de celebrá-lo. Mas, em que sentido, exatamente, podemos falar de "revolução", e não só comunicativa, a respeito deste pontífice? Do ponto de vista da doutrina, de fato, Bergoglio não é certamente um revolucionário; este pode ser, às vezes, um equívoco que nasce da natureza inovadora de sua comunicação. E esse aspecto ele mesmo o explicou com uma anedota aos jornalistas que o acompanhavam no voo de Cuba para os Estados Unidos:

> Um cardeal amigo contou-me que foi ter com ele uma senhora, muito preocupada – senhora muito católica, um pouco rígida, mas boa, boa católica –, e perguntou-lhe se era verdade que na Bíblia se falava

de um anticristo. E ele explicou-lhe que de fato essa passagem se encontra no próprio Livro do Apocalipse. Em seguida indagou-lhe a mulher se era verdade que se fala de um antipapa... "Mas, por que esta pergunta?" – quis saber o cardeal. "É que eu tenho a certeza de que o papa Francisco é o antipapa". "E por que – perguntou-lhe –, por que essa ideia?" "Porque ele não usa os sapatos vermelhos!" Assim mesmo, é histórico... Vamos lá saber as razões que alguém tem para pensar se uma pessoa é comunista, ou não... De minha parte estou certo de que não disse nada além do que está na Doutrina Social da Igreja. No outro voo [de regresso da viagem à América Latina], uma colega sua – não sei se ela está aqui; se sim, que me corrija –, referindo-se a quando eu fui falar aos movimentos populares, disse: "Vossa Santidade estendeu a mão a este movimento popular – foi mais ou menos nestes termos –, mas a Igreja segui-lo-á?" E eu disse: "Sou eu que sigo a Igreja", e nisto creio não errar, creio não ter dito nada que não esteja na Doutrina Social da Igreja. As coisas podem ser explicadas. É possível que alguma explicação tenha dado a impressão de ser um pouquinho mais "esquerdista", mas seria um erro de explicação. Não! A minha doutrina na *Laudato si'*, sobre tudo isso, sobre o imperialismo econômico e tudo o mais, faz parte da Doutrina Social da Igreja. E, se for necessário que eu recite o "Credo", estou disposto a fazê-lo[6].

A doutrina da Igreja, em suma, é sempre a que está contida no Evangelho, e se Bergoglio consegue fazer com que ela seja percebida como extraordinária, é porque ele é capaz de dar-lhe uma veste narrativa e conferir eficácia aos seus "atos linguísticos". Nesse sentido, para ele, é na mudança que reside a verdadeira fidelidade:

O ficar, o permanecer fiéis implica uma saída. É quando permanecemos no Senhor que saímos de

6 FRANCESCO. Conferenza stampa durante il volo da Santiago di Cuba a Washington DC, 22/09/2015.

> nós mesmos. Paradoxalmente, justamente por permanecermos, por sermos fiéis é que mudamos. Não permanecemos fiéis como os tradicionalistas ou os fundamentalistas, ao pé da letra. A fidelidade é sempre uma mudança, um florescer, um crescimento[7].

Portanto, seria simplório reduzir a ação reformadora do papa Francisco ao termo "revolucionário". Mas uma conciliação entre a realidade de uma ação apostólica que se inscreve profundamente na tradição e na percepção de um vento novo que todos têm desde quando Francisco subiu ao poder pontifício, talvez possa, em parte, ser encontrada por via etimológica. Indo à raiz latina do termo "revolução" encontramos *revolutio*, ou seja, "transformação, retorno". Ser revolucionário, portanto, significa realizar uma ação nova, levá-la a termo sem interromper o retorno, sem sair de uma órbita precisa. O movimento renovador do papa Francisco tem um centro de gravidade bem definido na história, na tradição e nos ensinamentos da Igreja, e contemporaneamente um movimento amplo que quer atingir todas as áreas, também as remotas, do cosmo social, para levar essa mensagem do centro para as periferias.

O motor deste processo, fonte do impulso evangelizador – e, em sentido "astronômico", sim – "revolucionário" é a declaração de Bergoglio de se sentir pecador: "Aquele dedo de Jesus assim... voltado para Mateus. Assim sou eu. Assim me sinto. Como Mateus [...]. Eis que este sou eu: 'um pecador ao qual o Senhor voltou seu olhar'"[8]. Com estas palavras Bergoglio sugeriu o seu ser discípulo cristão radicalmente convertido, que sentiu

7 FALASCA, S. Quello che avrei detto al concistoro – Intervista con il Cardinale Jorge Mario Bergoglio, arcivescovo di Buenos Aires. In: *30 Giorni*, 11, 2007, p. 18-21, cit. p. 20.

8 Intervista a papa Francesco di Antonio Spadaro. In: *La Civiltà Cattolica*, 3.918, 19/09/2013, p. 449-477, cit. p. 452.

a misericórdia de Deus na própria vida, e esta é a sua força. Eis explicitado o motivo da eficácia de uma comunicação que tem por objetivo instaurar com a sociedade contemporânea uma comunicação horizontal, única via para construir um diálogo com quem crê e com quem não crê, com quem se perdeu ao longo da estrada da fé ou com quem seguiu com distração a palavra de Jesus, porque, em última análise, o que mais importa é que cada ser humano coloque a própria consciência diante do problema universal do bem e do mal.

Além disso, papa Francisco disse que

> o anúncio missionário se concentra no essencial, no necessário, que é também o que apaixona e atrai mais, que faz arder o coração, como aos discípulos de Emaús. Precisamos encontrar, pois, um novo equilíbrio; do contrário também o edifício moral da Igreja corre o risco de desmoronar como um castelo de cartas, de perder o frescor e o perfume do Evangelho. A proposta evangélica deve ser mais simples, profunda, radiante. É dessa proposta que, posteriormente, surgem as consequências morais[9].

Realmente, "toda vez que a Igreja diz 'não', ela o diz baseada em um maior e mais fascinante 'sim': sim à dignidade e ao valor de cada vida humana, afirmando-o pelo fato de ter abraçado Jesus como o Senhor, proclamando-o em um mundo sempre mais tentado a medir os seres humanos em razão de sua utilidade, e não de sua dignidade"[10], sustenta o intelectual George Wiegel, ao referir-se ao que ele define como "radical cristocentrismo de Francisco".

---

9 Ibid., p. 464.

10 "Every time the Church says 'no', it does so on the basis of a higher and more compelling 'yes': yes to the dignity and value of every human life, which affirms because it has embraced Jesus as Lord and proclaims him to a world increasingly tempted to measure human beings by their utility rather than their dignity" (WIEGEL, G. The Christ-Centered Pope: The Catholic Church and the World Wrestle with an Evangelical Papacy. In: *National Review*, 20/09/2013 [Trad. do autor]).

Foi a partir dessa raiz profundamente evangélica que Bergoglio construiu uma popularidade, filha do saber falar à humanidade contemporânea sem temer colocar-se à escuta da realidade mais distante, mas reconhecendo seus valores. Sua viagem revolucionária o coloca em confronto com as pessoas, com as culturas, com os valores, fazendo com que a Palavra do Evangelho não se resuma a um ato comunicativo, mas comunicada. Bergoglio está efetivamente dando prosseguimento a uma caminhada iniciada meio século antes dele pelo Concílio Ecumênico Vaticano II, inscrevendo-se em sua continuidade. Sua revolução e, portanto, seu retorno, têm a ver com esse concílio, reportando-se a João XXIII e a Paulo VI. Entretanto, não devemos excluir de seu modo de agir, dada a sua determinação de redirecionar a atenção da Igreja e do mundo a Jesus Cristo, a continuidade com seus dois papados precedentes, o de João Paulo II e o de Bento XVI. Continuidade na mudança: eis exatamente o sentido.

Tijolo sobre tijolo, das homilias aos encontros públicos, das encíclicas às viagens apostólicas, paulatinamente foi se construindo o quadro de uma completa obra de comunicação que, não obstante sua aparente simplicidade, revela um significativo grau de sofisticação: "Podemos dizer que simplicidade e complexidade regem contemporaneamente o modo de raciocinar do papa Francisco. Simplicidade e instantaneidade no transmitir uma *ideia*, calor e força no comunicar um *sentimento*, harmonia e complexidade no oferecer uma *imagem*"[11].

É por isso que o ato comunicativo do papa Francisco desencadeia "um ato, um efeito de expressar-se em forma de rede,

11 GRONCHI, M. & REPOLE, R. *Il* dolce stil novo *di papa Francesco*. Pádova: Messaggero Padova, 2015, p. 22.

baseado no sabor de um reencontrado abraço entre humanidade e Evangelho"[12]. E, como ele mesmo o escreve na *Evangelii Gaudium*, "o bem tende sempre a comunicar-se. Toda experiência autêntica de verdade e de beleza procura, por si mesma, a sua expansão; e qualquer pessoa que viva uma libertação profunda adquire maior sensibilidade perante as necessidades dos outros. E, uma vez comunicado, o bem se enraíza e se desenvolve"[13].

12 VIGANÒ, D.E. Francesco nel villaggio globale – Lo stile comunicativo di Bergoglio tra oralità e concretezza. In: *L'Osservatore Romano*, 16/07/2015.

13 FRANCESCO. Exortazione apostolica *Evangelii Gaudium*, 24/11/2013, n. 9.

Índice onomástico

EDITORA VOZES

Editorial

CULTURAL

Administração
Antropologia
Biografias
Comunicação
Dinâmicas e Jogos
Ecologia e Meio Ambiente
Educação e Pedagogia
Filosofia
História
Letras e Literatura
Obras de referência
Política
Psicologia
Saúde e Nutrição
Serviço Social e Trabalho
Sociologia

CATEQUÉTICO PASTORAL

Catequese
Geral
Crisma
Primeira Eucaristia

Pastoral
Geral
Sacramental
Familiar
Social
Ensino Religioso Escolar

TEOLÓGICO ESPIRITUAL

Biografias
Devocionários
Espiritualidade e Mística
Espiritualidade Mariana
Franciscanismo
Autoconhecimento
Liturgia
Obras de referência
Sagrada Escritura e Livros Apócrifos

Teologia
Bíblica
Histórica
Prática
Sistemática

VOZES NOBILIS

Uma linha editorial especial, com importantes autores, alto valor agregado e qualidade superior.

REVISTAS

Concilium
Estudos Bíblicos
Grande Sinal
REB (Revista Eclesiástica Brasileira)
SEDOC (Serviço de Documentação)

VOZES DE BOLSO

Obras clássicas de Ciências Humanas em formato de bolso.

PRODUTOS SAZONAIS

Folhinha do Sagrado Coração de Jesus
Calendário de mesa do Sagrado Coração de Jesus
Agenda do Sagrado Coração de Jesus
Almanaque Santo Antônio
Agendinha
Diário Vozes
Meditações para o dia a dia
Encontro diário com Deus
Guia Litúrgico

CADASTRE-SE
www.vozes.com.br

EDITORA VOZES LTDA.
Rua Frei Luís, 100 – Centro – Cep 25689-900 – Petrópolis, RJ
Tel.: (24) 2233-9000 – Fax: (24) 2231-4676 – E-mail: vendas@vozes.com.br

UNIDADES NO BRASIL: Belo Horizonte, MG – Brasília, DF – Campinas, SP – Cuiabá, MT
Curitiba, PR – Fortaleza, CE – Goiânia, GO – Juiz de Fora, MG
Manaus, AM – Petrópolis, RJ – Porto Alegre, RS – Recife, PE – Rio de Janeiro, RJ
Salvador, BA – São Paulo, SP